班级管理？学科教学？我们的方法可

"草根老师的教学艺术" 之

飞刀老师的"太极拳"

/ 新教师入门导航手册 / 小学班主任参考指南 /
/ 小学语文教师参考指南 /

李柳红 著

世界图书出版公司

广州·上海·西安·北京

图书在版编目（ＣＩＰ）数据

飞刀老师的"太极拳" / 李柳红著. —广州：世界

图书出版广东有限公司，2016.2（2019.4重印）

ISBN 978-7-5192-0758-8

Ⅰ.①飞… Ⅱ.①李… Ⅲ.①小学教育—教学研究

Ⅳ.①G622.0

中国版本图书馆CIP数据核字（2016）第034094号

飞刀老师的"太极拳"

策划编辑：　陈名港

责任编辑：　华　进

责任技编：　刘上锦

出版发行：　世界图书出版广东有限公司

（广州市海珠区新港西路大江冲25号　邮编：510300）

电　　话：　（020）34201967

http：//www.gdst.com.cn　　E-mail：wpc_gdst@163.com

经　　销：　全国各地新华书店

印　　刷：　三河市华东印刷有限公司

版　　次：　2019年4月第2版第2次印刷

开　　本：　889mm×1194mm　1/32

字　　数：　138千

印　　张：　6.375

ＩＳＢＮ 978-7-5192-0758-8

定　　价：　38.00元

序

——让学校成为学生的"安全基地"

本书作者李柳红是我的学生,是一位经验丰富的奋战在一线的优秀教师。她先后毕业于广东省梅州师范学校、中山大学、北京大学。记得北京大学心理学系在深圳举办高等教育自学考试心理学专业辅导班时,她是最早的一批学员之一。也是学得最快,拿到毕业证和学位证较早的一位学员。

李柳红是一名小学高级教师,小学语文骨干教师,家庭教育讲师,国家二级心理咨询师。1999年执教至今,分管过学校德育工作、语文教学工作,是一位追求以"科学的教育理念、智慧的教育方式"进行班级管理和学科教学的一线教师,一个充满学习热情、热爱多彩生活、享受工作快乐的女子。曾获得第四届全国中小学班(队)会课大赛现场课比赛一等奖、全国发展与创新课题组现场教学设计比赛特等奖等国家级、市级、区级成绩100余项。现为深圳市宝城小学班主任、语文教师。

仔细阅读她请我写序时发给我的那些文稿,学习到文稿中呈现的一个个鲜活的、生动的教育案例,以及一篇篇极富创新、构思精巧的教学设计,还有那些案例、设计后面的那颗热爱教育、热爱学生的心灵,让我在脑海中瞬间蹦出一个深奥的理论概念——"安全基地"。

"安全基地"(secure base)是一个心理学名词,是依恋理论中的重要概念之一。

依恋理论是英国学者John Bowlby和美国心理学家Mary Ainsworth提出的一个影响深远的、旨在解释亲子关系的心理学理论。在综合了生态学、控制论、信息加工、发展心理学、以及弗洛伊德的精神分析等多学科概念的基础上，Bowlby创建了依恋理论的基本框架，这些框架使得我们对母子间的情感联接的探讨发生了革命性的变化。Ainsworth则创造性地用实验室观察的方法验证了Bowlby的理论，而且拓展了依恋理论的研究范围。

Bowlby从生物进化论出发，认为人类为了在一个"进化的适应性环境"中求得生存，生来就具有一种向最初的照顾者寻求和保持亲近的倾向，婴儿拥有一种能够促进与照顾者保持亲密的行为系统。所以，依恋行为是一种适应环境的本能的行为，是通过自然选择，进化而成的。这些行为使婴儿通过与照顾者的亲密接触而在危险的环境中得到保护，从而提高婴儿生存的机会。他进一步提出，依恋系统是一种目标校正系统，对婴儿来说，这个目标就是寻求"安全感（felt security）"。

依恋是一个持久的情感联结，这种联结是倾向于寻求和维持与某个特定的对象的亲近关系，特别是在受到威胁的时候。依恋可以通过依恋行为表现出来，包括在独处或者和陌生人在一起时，婴儿会哭泣，叫喊，追随，靠近，抓挠，和反抗等等。Bowlby把依恋行为看成是一个动态平衡系统。依恋行为的产生有一些诱发因素（activators），包括一些外在因素，如处在一个陌生的情景下、受到威胁性刺激的惊吓、或者是与依恋对象的长时间分离等等，也有一些内在因素，比如疲劳、生病或者痛苦的时候，依恋系统都会被激活。而一旦婴儿的安全性需求得到满足，能够寻求或者维持一种亲近性的时候，比如得到充分的拥抱，语言上的安抚等，其依恋行为则会减轻，或者停止。可以说，正如摄食行为一样，儿童的依恋行为也是一种"内在平衡（homeostasis）系统"。当这种依恋行为模式得到健康发展时，就会产生一种安全的情感联结。

婴儿总是间歇性地寻求亲近或者与依恋对象接触，尤其是在受到惊吓，生病，疲劳或者处于其它应激状况时，或者在需要照顾和保护时，依恋系统会被激活。依恋是对某个特定的对象而言的，如果一个人在儿童需要保护和安慰时，给予支持，则他很容易成为依恋对象。当这个依恋对象是可以接触到，而且对婴儿的要求总是做出积极反应的时候，依恋行为可能仅仅是瞅一眼，或者时不时听一听，确认一下依恋对象的位置。

可以看出，当婴儿处在一个相对安全的环境下，会把照顾者作为一个重要的探索活动的基地。只有在照顾者身边的时候，才会表现出更多的探索行为，比如玩玩具，而这时其依恋系统处于不被激活，或者处于低激活状态。这种现象，称为依恋的"安全基地"（secure base）现象。这也是依恋的最主要的功能之一。

随着认知功能的发展，婴儿的这种与照顾者的重复交往经历会内化成一些活动模型，这些活动模型称为"内部活动模型"（internal working models），而且依恋是一个"从摇篮到坟墓"的过程。这种内部活动模型，尽管形成于婴儿阶段，但会在幼儿阶段、学前阶段、学龄阶段、青少年阶段，直至成年阶段，老年阶段，一直在起作用。并且这些"内部活动模型"逐渐被整合到人格结构中去，并影响个体的行为。

尽管Bowlby的理论主要是强调依恋发展的共同特点，随后的研究更多的是关注依恋的个体差异。例如，Ainsworth等人通过一个结构化的实验室观察程序——"陌生情景法"——对婴儿在与依恋对象的分离与重聚的一些场景中的行为进行观察和编码，划分出了三种婴儿依恋行为的模式：安全型、回避型、和焦虑型。

在感受及处理各种社会人际关系，维持自身心理健康水平上，安全型依恋个体比非安全型依恋个体具有明显优势。安全型个体在感到威胁，需要求助时会使用安全基地策略（securebased strategies）。安全基地策略属于初级依恋策略，是当个体感受到威胁、需要被保护和支持时，寻求接近依恋对象这种与生俱来的依恋策略，人们可能根本无法意识到其依恋系统策略的使用。

根据Ainsworth等人的研究，影响儿童依恋类型形成和发展的主要因素有两个：一是照顾者的情感效用性（Availability），一是照顾者的反应敏感性（sensitive responsiveness）。前者是指当个体需要的时候，照顾者是否能够在身边，并提供支持和帮助，后者主要是指照顾者能否尽快地觉知到婴儿发出的各种信号，是否能够很快递解释这些信号的含义，以及是否能够做出最合适的反应，以便满足婴儿的需求。

而"将心比心"（Mind mindfulness）正是反应照顾者将这两种影响儿童依恋的重要因素在现实生活中最直接的体现。

在学校咨询心理学中，运用依恋理论的咨询越来越受到人们的重视。它从一个纵向发展的角度分析学生们在学校中的各种行为问题，尤其是涉及到逃学、人际交往不良等现象。也有越来越多的学校老师自觉或不自觉地将依恋理论运用在教学工作中去。

本书就是介绍这样一种实际运用的具体做法。

正是像李柳红这样一些从来没有离开过讲台的草根教育家，默默地奉献着自己，把自己的青春、激情和心血挥洒在三尺讲台上，通过潜移默化，润物无声的方式，影响着一代又一代学生们。她们才是学生们最依恋的对象。

她们在努力把校园建设成最吸引孩子们的"安全基地"！

是为序。

李同归

北京大学心理学系

2015年10月7日于王克桢楼1602室

写在前面的话

（一）关于飞刀老师，关于"太极拳"

喜欢阅读，尤其喜欢看小说，武侠小说、科幻小说、历史小说、侦探小说、心理小说、言情小说，无一不爱。古龙先生的《小李飞刀》是一部我特别钟爱的作品。知道我喜欢李寻欢，同事们就亲昵地称呼我为"小李飞刀"。随着年龄的增长，随着学校里越来越多90后同事的出现，我这个80后老师已经直接升级为大家口中的"飞刀老师""飞刀阿姨""飞刀"了。

《倚天屠龙记》是我喜欢的另一部武侠小说，太极拳是其中的主要人物之一张三丰名扬天下的拳法。太极拳柔中带刚、刚中带柔，跟我平时在工作中使用的刚柔并济、情智兼修的教育方式有异曲同工之处。比如，对待《赵简子的另类目光》中的小翔，我采用的是比较柔和的教育方式；对待《等待花开》中的小强，我采用的是比较强硬的教育方式；更多的时候，像对待《当天使结伴而来》中的小行一样，我采用的是刚柔并济的教育方式。而且，教育工作和太极拳一样，都是慢功夫，所以，用"太极拳"来比喻自己的教育方式只是想取它的一个寓意来说明自己的教育理念，如此而已。

（二）关于一线教师，关于教育家

最初的时候，这一套系列丛书的名字并不是《草根老师的教学艺术》，而是《我们是一线教育家》。

不是权威，没有高深的理论，一线教师，可以称为教育家吗？

在没有阅读李希贵校长的《36天，我的美国教育之旅》之前，我会觉得把一线教师称为"一线教育家"有些大言不惭了。可就在读这本书中的《教师就是专家》这一篇章时，我被这样的话刺痛了：

马格先生的眼睛瞪得大大的，向我质问道："难道中小学教师不是专家吗？对于分析、评价课堂教学来说，教师就是专家。我们说请专家，更多地就是要请他们。"

原来是一个概念上的误会。在他说的专家里，自然就有中小学的老师们。

然而，这仅仅是一个概念上的问题吗？在我们看来，专家往往并不在第一线的课堂里，在课堂里的教师也往往不是我们所说的专家。因为，在我们这个世俗的社会里，老师被视为基层工作者，而且，老师们通常也有些自卑地这样认为。在一般人看来，他们所从事的不过是"小儿科"，当然也就不会有什么了不起的见解。

难怪千百年来，我们始终不能在校园里培养出自己的教育家，因为，我们压根儿就没这么想过，教师也压根儿不会有这样的追求，不敢有这样的理想。

真可怕！如果教育着我们下一代的教师都是一些不敢有什么追求、仅仅希望"燃烧自己"的人，那我们怎么培育我们的孩子有远大的抱负？

是啊，即使我们不是专家，也可以有当专家的追求吧？即使我们不是教育家，也可以有当教育家的抱负吧？

当然，"追求"不等于"就是"了。所以，如果让我把自己和自己的一帮好友自诩为"一线教育家"，我还是没有这样的底气的。是邱本芳老师的一番话打消了我的顾虑："对于班级管理和学科教学来说，我们这些长期坚持在一线、对学生了解最多的老师不是教育家，谁是教育家？难道那些不懂教育、整天就知道喊口号、把教育搞得乱七八糟的人才是教育家吗？"好吧，没有骂谁的意思。虽然最终的系列名也没有出现"一线教育家"这几个惹人眼球的字眼，但是，请让我，为我们，为我们这些热爱生活、热爱学生、热爱教育事业、享受教育幸福的一线教师们，来个"高大上"的称呼吧。

（三）关于班级管理，关于语文教学

教无定法。

从教多年，这句话早已烂熟于心，可在为这本书命名时，刚开始，我把它定为《管班？教学？我们的方法可以复制、粘贴》。我当然知道，既然一千个读者就有一千个哈姆雷特，那么，一千个老师就有一千种管班的方法、教学的方法。我更知道"管班"的这个"管"字可以看出教师对班级的"管制"和"掌控"，而民主、和谐的班级，不是靠管，而是靠建设。这么固执地取一个这么俗气又带些程序化的名字，源于刚毕业时，初上讲台的我得到了一本书，书名隐约记得是《班主任工作60例》，其中一个案例中的一个片段，让我至今无法忘怀，案例的内容大概是这样的：两位老师带着学生坐车外出，一个学生调皮，把头伸出了车窗，第一位老师看见了，说："马上把头伸回来，你这样做，是想害死我啊？"学生不以为然。第二位老师马上过来说："这样很危险，要是受伤了，你爸爸妈妈，还有老师都会很心疼的，你自己也不好受啊，快点伸回来吧。"学生乖乖地坐回座位。

从那个时候开始，我就知道，当老师容易，当好老师难，可以当第一种老师，简单粗暴，也可以当第二种老师，智慧贴心。我选择当第二种老师。这么多年来，处理事情时，我都会想起这两种老师，然后提醒自己，教育教学工作，要从学生的角度出

7

发，要确确实实地为学生着想。

邱本芳老师是我多年的好朋友，她是一个特别用心的老师，她构思出的"班节"（按照班级的数字过节，如四年级七班，就在4月7日这天过班节，遇到国家规定的节假日可以提前或推后庆祝）被我直接"复制粘贴"用在了我带的班上，"班节"那天，我们班的孩子吃得那么尽兴，玩得那么开心。当然，并不是每一种教育方法都是具有操作性的，都能机械性地复制粘贴，所以，与其说方法可以复制、粘贴，还不如说：智慧，是可以传递的。

就我自己来说，虽然曾拿过像"第四届全国班会课大赛现场课比赛一等奖""全国发展与创新课题现场教学设计比赛特等奖"等等这样大大小小的100多项比赛成绩，但是，因为一直都在一线（有几年做了中层，不过仍然担任语文老师），只要还在一线，我就不知道自己会遇到什么样的学生，会面临什么样的挑战，所以，"优秀"这个标签我是不敢往自己身上贴的。不过，非常幸运的是，在我的朋友中，从来不缺出色的班主任、出色的科任教师，无论是善于培养班干部，把自己的班级管理得风生水起的蔡淑莲老师；还是幽默风趣又才气逼人的罗勇波老师、李桂雄老师；或者是把英语说得像国语一般，把英语课堂上成让学生享受的课堂的张碧英老师；又或者是一直在埋头研究教育教学工作，把语文教学、把班级管理当成是自己的终身事业的邱本芳老师；深谙教育学、心理学知识又极具智慧的曾文花老师；被孩子们深深喜爱着、崇拜着的陈妍老师等等，他们，都是我成长路上的益友、良师。

我始终认为，一位教师，如果自己不好学、不快乐、不幸福，如何培养好学、快乐、幸福的学生？每接手一个新的班级，我都会在家长会上说，我的培养目标是：身体健康、品德高尚、心态阳光、拥有特长、成绩优良。我也会直接告诉家长：你可以相信我，因为，教师的职业道德在约束着我，我的良心在约束着我，我会努力做个好老师，陪伴孩子们健康、快乐、出色地成长，但是，也请不要完全相信我，因为，一个人的时间、精力、能力是有限的，所以，教育，还需要家校联手。

既然只是一个普通的一线教师，那么，整这么一本所谓的"专著"，是不是太夸张了一点？而且，教师队伍里，"文人相轻"的氛围一直都是存在的，这么做，会不会引来同行的嘲笑？

这些问题，都曾经让我纠结过。可是转念一想，这些年来，无论是跟着我学习的实习老师，还是刚刚毕业的年轻教师，又或者是因为帮忙辅导然后考取了编制的老师们，他们对我的这些方法、经验，都是肯定、赞赏的。既然对别人，即使是一小部分人有帮助，那么出书，也是有价值的吧？

不过，我还是要在这里先声明，这不是一个优秀教师的成功经验，这只是一个成长中的教师的亲身体验。从严格意义上来说，这也许不能称之为书，这只是一个热爱教育工作的普通教师16年来的个人成长专辑。整理它的时候，让我想起了老家旧箱子里头堆放着的磁带。我特别喜欢音乐，年少的时候，尤其爱听周华健、李宗盛、张信哲、陈明、朴树的歌，碰到他们的专辑，即使手头拮据也会狠心买下来，不过买回来后就会发现，一盘磁带里，喜欢的，也就那么几首歌，有时甚至只有一首钟爱的歌。可即使是这样，也不能让我忘却来来回回倒磁带听歌时的那种快乐和满足。这本专辑，这本书，就是我的"磁带"，如果，有缘打开它的人，能从这本书中找到一篇喜欢的文章，或者找到一段甚至哪怕一句可以得到启发、引发思考的话，对我来说，就够了。

出书的主意是堂妹李岸红提出来的，我索性就把这本书当成送给自己的生日礼物了（后记里也有提到）。当然，如果不是她的建议，5年后，或者10年后，我也会有这样的想法和行为的，只是，不会是今天。如果这本书，让大家觉得文字还是有些稚嫩，想法还是有些肤浅的话，我想说，正是这些有些稚嫩、肤浅但又不乏真实、真诚的文字，呈现了我的教育理念，记录了我的工作经历，展现了我的学习过程，诉说了我的教育追求。在追求以"科学的教育理念、智慧的教育方式管班、教学"这样的理念的指导下，我慢慢地走近了孩子们的心灵，感受了教育工作的美好与艰辛，享受着教育工作的幸福和快乐。如今，我把这种教育、教学的经验拿出来和大家分享，主要是想让在校的师范生，或者刚走上工作岗位的班主任、语文老师了解一个一线教师从教十几年来最实在、最有效的关于班级管理和学科教学的方法。那么，为什么不是只谈班级管理或者语文教学呢？魏书生老师、李镇西老师等等这些名师们的班级管理法曾让我深受启发；王崧舟老师、赵志祥老师等等这些大师们的语文教学法也曾让我无比向往。可是，他们是大师，大师的经验已经炉火纯青，仅仅靠光环效应就已经功力无限。当然，光环效应是智慧、汗水、时间和天赋的结晶。而我在一线，见过把班级管理得很"死"、把学生管理得很"听话"，可学生却不再有学习兴趣、眼神里也不再有灵气的老师；也见过学业水平很高、教学设计能力很强却无法调控课堂的老师。我想，教育教学是靠两条腿走路的，班级管理和学科教学，缺一不可，那么，就让我的这本书，带着我对生命的虔诚、对成长的成全、对语文的热爱，"接地气"地用两条腿迈出细小而坚实的步伐吧。

雅斯贝尔斯在《什么是教育》中这样理解教育："教育的本质意味着：一棵树摇动另一棵树，一朵云推动另一朵云，一个灵魂唤醒另一个灵魂。"

如果，能不经意的，用我这份对教育的爱和享受教育的乐摇动了另一棵树，推动了另一朵云，唤醒了另一个灵魂，也算是对我热爱的教育事业的一种回报吧。

（四）关于成长，关于感恩

从梅州到深圳，从粤东小镇到繁华都市，从刚开始的受到质疑，到后来的得到认可，一路走来，有挫折，有艰辛，但更多的，是成长，是快乐。感谢生我、育我的父母和家乡；感谢成就了我的深圳；感谢我的学生和家长，他们包容和喜爱着我这个不够完美的老师；感谢李振安老师、蔡恩强老师、吴文源老师，因为他们，我喜欢上了语文，也喜欢在课堂上传播对语文的喜爱；感谢李德运叔叔、李小平叔叔在成长路上给予的帮助和关爱；感谢林喜瑜老师、黎进来老师、曾肖媚老师、谢德华老师、刘小华老师、胡在能老师、曾思汉老师、陈军锋老师、叶声勇老师、陈国生老师等等这些领导老师们的指导、鼓励；感谢张玲凤姐姐、秀丽、凯君、文静、小辞、丹丹、双双、丽芳、紫芳、杨娟、红虹、燕凤等等这些多年来一直支持着我的友人；感谢家人，尤其感谢我的爱人孟猛，以及做我和爱人坚强后盾的家公家婆、老妈；还有，为了这本书的顺利出版一路操心过来的堂妹李岸红，世界图书出版广东公司的陈名港老师、华进老师，为我这本书作序的北京大学心理学系的李同归老师。

李柳红

2015年6月26日

（图2：和北京大学心理学系李同归老师的合影）

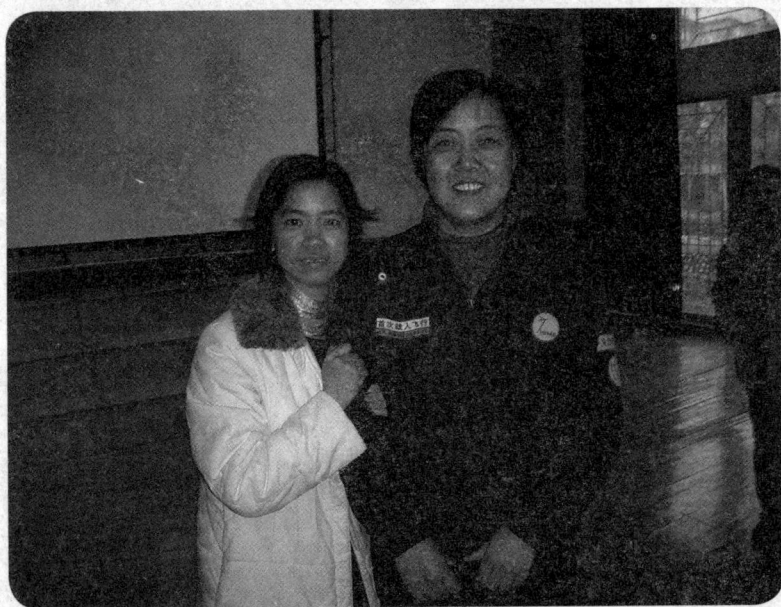

（图3：和"航天英雄"杨利伟的心理教练、北京大学的刘芳老师合影）

同行、家长眼中的飞刀老师

柳红老师是我亲眼看着成长的优秀老师，说她优秀，并不是凭空地恭维她，而是她学习不缀的精神和对教育的执着、热忱及思考力，她总在做、总在想、总在写，这不，成果斐然而一书成。

——邱本芳（深圳市名班主任，深圳市宝城小学班主任、语文教师）

柳红老师是一位什么时候都充满活力、特别暖人心的老师。她真诚待人，热爱生活，勤思好学，笔耕不缀。在学生面前她是个知心姐姐，同时又是睿智的老师；家长眼里她是个集智慧和认真于一体的老师。相信不久的将来，她一定会以教育家的身份出现在我们面前！

——蔡淑莲（深圳市名班主任，深圳市宝城小学班主任、语文教师）

飞刀老师是我人生的良师益友。毕业伊始，她就像一本活动宝典，为初为人师的我指点迷津、排忧解难；教学成长路上，她一直是我学习的楷模。她对文学的热爱，教学的睿智，以生为本的教育教学信念，引领我前行。爱你，有你真好！

——邹凯君（深圳市优秀班主任，深圳市千林山小学班主任、语文教师）

13

在我印象中，飞刀老师总是面带笑容面对一切，总是与书为友，并运用智慧无私地帮助我解决困难，能成为她曾经的同事，我挺自豪的！《飞刀老师的"太极拳"》是一本能为我们解惑、帮助我们迅速成长的智慧大书！

——罗紫芳（深圳市优秀少先队辅导员，深圳市龙岗区盛平小学大队辅导员）

柳红不是我认识最长久的朋友，却是我最要好的朋友。她学识渊博，平易近人，为人师表，待人真诚，这些优点和品质，无时不在感染着我。一直期待她的《飞刀老师的"太极拳"》的出版。仔细阅读，书中平实淡雅的文字，真实动人的案例，非常贴近我现在的工作，让我在阅读中不断地学习与反思，不断地发展自我。我想，这对我们的年轻教师来说，一定更是一本开卷有益的书。

——陈映辞（深圳市龙华新区观澜第二小学美术教师）

飞刀老师对我来说，是良师亦是益友。几年过去了，可是，在深圳市公明第一小学实习的日子至今仍旧历历在目。我很庆幸在我初次走入社会、走入课堂时能遇到飞刀老师。在每一次的课堂里，飞刀老师总能带给我惊喜，一篇平淡无奇的课文，从飞刀老师口中道出，便成了一个个有趣的故事！原本无味的课堂，在飞刀老师的巧妙引导下，在飞刀老师意味深长的梨涡浅笑间，又有了别开生面的领悟！有飞刀的干脆，又有太极的柔和，张弛有度，引领孩子们还有我这个大龄学生徜徉在书海间，享受着文学的滋养！

——李加玉（东莞市长安镇实验小学班主任、语文教师）

真心为好友柳红感到高兴。我们当年同是学校文学社的主编，曾一起感动于当年好听的广播节目《似水流年》，也曾一起踩辆旧自行车去文化公园的旧书摊上淘喜欢的书，更曾一起哭，一起笑，一起听那些温暖的老歌，一起写下触动内心的文字。如今，那个伸手触及梦想的女孩出书啦！我内心除了高兴，还有羡慕，更多的是感动。在这里郑重而诚心地向大家推荐，这绝对是一本值得你静下心来读的书，不论是生活、工作、还是写作，好友都完完全全遵从自己的内心，情真意切，真实动人。

——钟秀丽（梅州市大埔县田家炳高级职业学校教师）

柳红老师多年来奋战于教学一线，不断学习专业知识，参加各类大赛，积累了丰富的班级管理经验、新颖的教学经验。阅读《飞刀老师的"太极拳"》，能指导我更好地解决教育教学工作中遇到的难题，使枯燥、繁重的教育教学工作变得更轻松、更快乐了。

——黄红虹（梅州市教改积极分子，丰顺县第一中心小学班主任、语文教师）

一日为师，终生为父。李老师既是我小学时期四至六年级的班主任、语文老师，又是我的心灵导师。同时，作为一名师范生，李老师还是我今后作为一名老师的榜样，其角色的定位和作用已经远远超乎"父亲"对我的影响。作为一名实习教师，再次回到李老师的班上，在跟着李老师学习期间有幸拜读了她的《飞刀老师的"太极拳"》。我发现，《飞刀老师的"太极拳"》既是一本记录我们成长的书，同时也是一本为我们这些即将入门的新手准备的导航手册。尽管一本书读不尽李老师的无穷魅力，但这本书却能带我少走弯路，确是一本实用、有效的宝典。

——陈艳（深圳大学文学院）

很怀念实习的那段时光，每天都跟在飞刀老师的身后。在我的眼里，飞刀老师是一位语言大师，每一节课都是一场听觉盛宴；在她的身上散发着无穷的魅力，她特别善于用语言的魅力去感染每一位学生。

——孔敏飞（佛山市大沥镇河东小学班主任、语文教师）

她循循善诱，是孩子人生的导师；她平易近人，是孩子贴心的朋友；她才华横溢，是孩子心目中的偶像。用微笑播种，用智慧领航。因为她——李老师，我的孩子变得更加好学，更加自信了。

——学生家长林惠莲

李老师是一位热心、热情、热爱教育事业的好老师，她深谙儿童心理发展规律，教学方法深受孩子们的欢迎。她的细心、耐心、爱心、恒心让家长们感动。慢慢地，班里的孩子们已经成长得像她一样热爱学习，热爱阅读，热爱生活。有一天，孩子告诉我，李老师的爱好是写作，小时候的梦想是成为一名作家。苏格拉底说过，世上最快乐的事，莫过于为理想而奋斗。今天，李老师将自己的专业、职业、爱好完美地结合在一起，出版了这本佳作，在实现梦想的路上踏出了一大步，她就是最快乐的人。

——学生家长李雪萍

目　录

班级管理篇

　　有没有管理起来特别省心的班级？我个人的答案是：有。我自己也带过这样的班级，付出的时间、精力并没有比往年多，但班级的成绩和纪律等却可以遥遥领先，管理起来特别得心应手。但更多的时候，接手的是普通的班级，甚至是所谓的"差班"，这些班级中，会有那么5%到10%的学生，耗掉了我至少40%到50%的精力。虽然《第56号教室的奇迹》的作者雷夫说，教师较多的精力，应该放在"中间学生"身上，而不是尖子生和学困生身上。可是，我的工作经验告诉我，如果不能把这5%到10%的孩子"搞掂"，班主任工作的开展，很难顺风顺水。所以，这个篇章，有描述飞刀老师是怎样对待全班同学的，还有一些，是专门聊聊飞刀老师是如何用"太极拳"招待这些"活宝们"的。

有的花儿香，有的花儿艳

世上有十全十美的人吗？

不知道，至少我不是。

记得师范的时候，我的《教育学》学得很好，当时教我《教育学》的是彭文斌老师，他让我给全班同学当小老师，好像也就上过一节课吧，但这件事情让我至今想起来仍然觉得特别骄傲。只是，我的美术就一塌糊涂，同样是室外写生，很多同学把校园的美丽表现得淋漓尽致，而我，画出来的那些花花草草和高楼连自己看了都觉得寒碜。

因为自己不是完美的人，所以，要求学生，我从不敢提十全十美。

毕业后的一天，我在《青年文摘》上看了一篇文章：《有的花儿香，有的花儿艳》，说的是作者年少时期惨遭一个叫黄菊花的女孩的孤立，成年后，黄菊花告诉"我"，她所做的一切都是要"我"明白一个常识：没有谁可以独霸风头，百花之中，又香又艳的花儿很少，更普遍的情形是，有的花儿香，有的花儿艳，艳的花儿不再占有香味，香味美的花儿不再占有好颜色。作者后来养成了从任何人身上立即看到长处的习惯，明白了"live and let live（自己活，也让别人活）"这个道理。

而我从事的教育工作，让我结识各种各样的孩子，这些孩子，有的活泼开朗，有的文静内向；有的聪明伶俐，有的反应迟缓；有的勇敢果断，有的懦弱胆小；有的循规蹈矩，也有的调皮捣蛋。因为明白"有的花儿香，有的花儿艳"这个道理，所以，在看待这些孩子的时候，我不会仅仅只用学习成绩来评价他们。

接手一个班级以后，我喜欢制作一张优点收集表，然后，让孩子们根据自己的了解写下从同学身上看到的优点，也写上自己的优点。收集上来的优点被我整理后，有时会直接粘贴在班级的墙上，命名为优点墙，时时刻刻用来提醒孩子们：自己身上有可贵的优点，因此，悦纳自己，尽可能地发挥自己的长处；别人身上有我们没有的优点，所以，尊重别人，学会欣赏别人的长处。

2015年春节刚过，开学时，我想送给孩子们一份礼物，送什么呢？我想到了这个优点收集表。我把这个优点收集表的内容整理成了一封信，除了每个人的优点不同，信的内容都是一样的。然后，我把这封信放进了一个红包中，作为送给孩子们的新年礼物。如：

亲爱的小涵：

拆开红包，也许你会有点失望，是的，它虽然是红包，但里面并没有钱。不过，这个世界上，有些东西，它比钱更重要。

写这封信给你，是想告诉你，同学们的优点收集表在李老师的手上，我非常欣喜地发现，在同学们的心目中，你的优点有：善良、聪明、活泼、热心、跑步快、跳舞好、认真负责、乐于助人、团结同学、多才多艺……

你有那么多的优点，你是一个多么优秀的孩子啊，当然，有的花儿香，有的花儿艳，我们都不是十全十美的人，我们也不需要成为十全十美的人，因为那样太累了。我想告诉你的是，每个人都有他（她）的长处和他（她）的短处，请尊重别人。更请你，牢牢记住自己的优点，然后，尽可能地发挥你的长处，成为那个最棒的小涵！

祝

百折不挠

爱你的李老师

2015年2月27日

这封书信的整理、排版、打印，包括用上美丽的花边装饰，都花了我一些时间，但是，看到孩子们收到这个红包时的惊喜和快乐，让我觉得特别开心、特别值得。家长们更是给予了高度的评价，很多家长发来了类似这样的信息：

> **妈妈**
>
> 李老师别出心裁，给孩子们一份特殊的、有意义的新年礼物。这个红包表达了李老师对孩子满满的爱，这一定花了不少时间与心血。身为家长很感动。非常感谢李老师。祝李老师羊年洋洋得意，工作顺顺利利，生活甜甜美美，万事皆如意！

> **妈妈**
>
> 万分感谢李老师给孩子的红包，我会引导孩子珍藏这个红包，珍藏李老师的用心，祝李老师工作顺利，身体健康，心想事成！

> **妈妈**
>
> 李老师您好，谢谢您给孩子的红包，这是 收到的最有意义的新年礼物，感谢您对 的鼓励，您辛苦了！

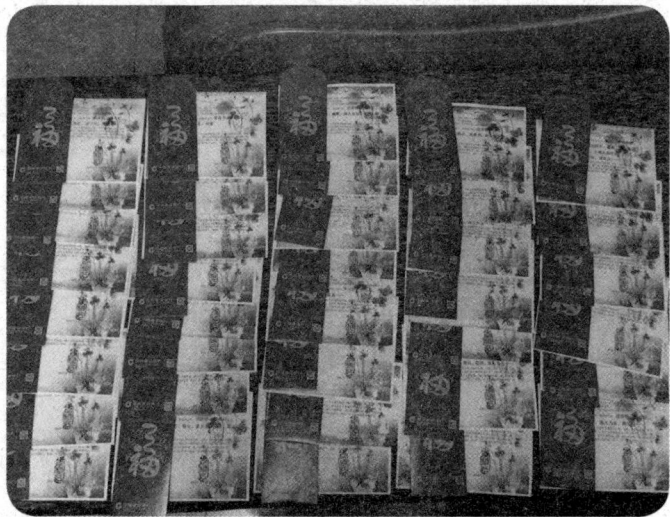

妈妈

今天儿子回来说老师给他一个红包，拿给我看，我一打开，看完后，真的有点感动，李老师太用心了，写得真好，这个红包太有意义了，这是对孩子的鼓励和认可，李老师您太棒了，能遇到这样的老师，真的不容易呀，感谢李老师！

🌼🌼🌼

　　更让我觉得欣喜的是，新的学期，那些调皮捣蛋的孩子也在慢慢地学着尊重自己、尊重别人。而我们班，虽然仍不是最优秀的班级，可孩子们，已经走在追求优秀的路上，并且努力着、学习着、成长着、快乐着！

　　但愿，在人生路上，孩子们能真正懂得"有的花儿香，有的花儿艳"的含义，真正懂得悦纳自己、欣赏别人。

（图4：给学生的新年礼物：优点红包）

当天使结伴来到人间

网上流行一个帖子叫"全国最牛教师回答记者提问"，其中有一段对话是这样的——

记者：有人说"没有教不好的学生，只有不会教的老师"你对此的理解是？

老师：干脆你去当公安部长或国务院总理算了。按照这句话推导不是也可以说："没有破不了的案件，只有干不好的警察"；"没有管不了国家，只有干不好的总理"；"没有治不好的病，只有不会治的医生。"

看到这样的帖子，作为一名一线教师，我是忍不住地拍手叫好。是的，当社会对教师的要求越来越高，当独生子女们越来越淘气娇气，谁敢拍着胸脯说：我会教，我能教好？

就说这个学年吧，我担任四（7）班的班主任。上任之前，主管教学工作的副校长找我谈话："这个班的纪律比较糟糕，曾经有一个孩子甚至在专家来评估的时候在体育课上大闹过，先抓好纪律再说，别着急上课。"

虽然已经有心理准备，但还是低估了这些孩子的"作为"。他们像是结伴而来的天使，降落在四（7）班，每天，都要弄一点动静出来，否则，就好像心有不甘似的。这些天使们，一个个都摆出了一副不让大家叹为观止誓不罢休的姿态。

天使1号：小董

小董，就是那个在专家到学校评估时上体育课控制不住自己的情绪在地上翻滚的孩子。他很聪明，但他似乎把聪明都用到"社会"上了，他常常在班上吹嘘，他爸爸认识哪个派出所的所长，派出所所长可以帮他们家做些什么，他爸爸跟某某学校的校长很熟悉，所以他也跟某某校长很熟……

上课的时候，如果课堂上老师讲的内容他感兴趣又刚好听的懂，那他就会激动得难以自制，嘴里大喊着他知道的那个知识；如果课堂上的内容他不感兴趣或者听不懂，那他就像浑身扎了针似的，屁股一回儿往左边挪，一会儿往右边挪，一会儿站起来，一会儿坐下去。他曾经没有经过老师的允许在技能课的时候跑到楼梯的角落里玩得不亦乐乎，也曾经在信息课堂上用"SB"来骂授课老师，他曾经对管理早读的班干部挥起了重重的拳头，也曾经对课堂上没收他书的任课老师破口大骂……

天使2号：小行

小行，经常情绪失控的孩子。他的肠胃也经常出现问题，有时是早读，有时是上着课，他捂着肚子就冲出教室，然后就在厕所里提着裤子开着门喊："有没有人啊？""有没有人啊？帮我拿点纸巾到厕所啊。"

期末复习阶段，他会在老师发完试卷后哭上整整一节课，嘴巴里一直在碎碎念："啊！为什么要考试啊！啊！为什么要考试啊……"

天使3号：小庄

早操时，肚子痛；上体育课，身体不舒服；报名参加社会实践，老师不在教室，他把钱放讲台上就直接走了；跟同学一句话不和，就情绪激动、大打出手……类似这样的事例，数不胜数。

此外，还有整天迟到、动不动就哭哭啼啼的天使4号小肖，成绩很难超越个位数、一到上课就发呆的天使5号小王……

招待方式一：以牙还牙

接手不到一个月，我就已经发现，像小行这样的天使，仅仅用苦口婆心的教育方法是没有用的，声色俱厉更没有任何效果。所以，当小行下课后跑来找我，问："老师，为什么我们班换来的老师，一次比一次差啊？"我没有和颜悦色地回答，而是直接接招："是吗？为什么其他同学没有觉得，只有你这样认为呢？"当小行又一次在办公室里哭诉："为什么要考试啊？我这次考试认真做了啊，为什么还是30多分？""考试时认真对待是对的，但仅仅在考试这天认真就可以了吗？春天没有播种，夏天没有耕耘，秋天可以收获吗？"还好，一次又一次直击内心的交锋，没有让他反感我，反而会思考我说的话，开始听从一些建议了。

招待方式二：笑脸相迎

对待小董，我试过了，软硬不吃。但如果一直让他这样"人来疯"的话，我们这些科任老师也很快会疯掉的。那有没有一种办法可以让他改变呢？我思前想后，决定对这个社会化的孩子采取社会化的方式招待。当小董的妈妈，一个特别善良、也深谙人情世故、因为爱人的事业选择了在家做全职主妇的女人，一次次把类似水果、坚果这些小礼物以送给我的孩子为由递在我的手上时，我收下了。而按照规定，这是违规的。我既不想收，也不能收。不过，还好这些都不是贵重物品，而且，收下礼物后的一周、两周，我就给小董和小董的妹妹送去了亲手制作的芋头西米露糖水、精心挑选的儿童绘本等等这些小礼物，算是"还礼"。一来二往，小董是个"人精"，虽然犯错时被我照样惩罚，但是，他也慢慢理解了我，了解了我这"笑脸相迎"背后教育的苦心，不好意思在班级里再拆我的台了，开始在课堂上慢慢安静了下来，有时，也能听上一会儿课，课余和同学之间的冲突，也少了许多，在其他课堂上的表现，也收敛了不少。

招待方式三：委以重任

对于老是不出操，遇到体育课上运动强度大一点就逃避的小庄，我在一节班会课上讲了一个"西点军校"的故事，主要是让同学们，尤其是让小庄明白：平时多流汗，战时少流血。这个故事对被称为军事迷的他还是有点触动的。班干部任命时，他竞选上了一个"讲台小管家"，于是，我放手把讲台交给了他。他的普通话很标准，稍加训练，参加朗诵、演讲也是没有问题的。于是，我把这学期的国旗下讲话的任务交给了他。从来没有上过这么大场面的他虽然很紧张，但还是比较顺利地完成了这个任务。而他参加国旗下讲话的那天，家长还专程赶来录像。得到大家瞩目的他，因为收获了自信，一些不良的行为，也在慢慢地改正了。

……

网上的帖子还有这样的内容：

家长抱怨：你们老师怎么没有把我们的小孩子教育好？

老师：我领的不是超人的工资。你们俩父母能打能骂教育一个小孩都搞不定，还敢指望我们几个人教育好一个班级五六十号小孩？

是的，我也引用另一个网友的一段话："没有教不好的学生，只有不会教的老师"——如果这是教师的自励，我对这样的教师表示十二万分的敬意；如果有人以此苛求教师，我对这样的苛求者表示无以复加的鄙夷！

佛说，"一念天堂，一念地狱"，虽然有过抱怨，有过苦恼，有过委屈，但看着这些虽然非常调皮却特别善良、特别重情义的孩子，我还是生气不起来，也恨不起来。好吧，这些孩子，他们一定是命运派来的天使，是为了让我拥有宽广的胸怀、超脱的眼界而来的。而且，这些天使们降临我班还有一个目的：为了让我在成长为一名优秀班主任的路上走得更远！

生命中的贵人

多年前，初上讲台的我对着我的学生撒了一个谎，我说，我爱每一个我教的孩子。

实际上，我并不喜欢我教的那个班级，孩子们成绩不好，又爱惹祸。尤其是班上一个叫小扬的孩子，他不但作业非常潦草，还经常和班上的同学打架。我不喜欢他，相反的，我喜欢在他和同学发生冲突后狠狠地训斥他，我喜欢在他的作业本上画一个大大的"×"。

有一天，我和同事散步，路过一间收破烂的小屋时，同事说，那是小扬的家，我怔了一下，没有说什么。第二天，我找了小扬一到五年级的班主任，他们告诉我，一年级时，小扬既乖巧又懂事，成绩好，是个大家都喜欢的孩子。二年级时，小扬的妈妈生病了，小扬担心妈妈，成绩有点退步，不过表现仍然不错。三年级时，小扬的爸爸把房子卖了凑齐给妈妈治病的钱，还因为照顾妈妈丢了工作，可是，小扬的妈妈还是去世了。四年级时，小扬的爸爸没有心思管教他，小扬也开始自卑起来，身边也没有什么朋友。五年级时，小扬的爸爸没有找到新工作，开始以收破烂维持生活，小扬和取笑他没有亲妈的同学打了一架后，稍不顺心，他就和同学争吵，甚至打架，对学习，基本上是放弃了。

知道了这些，我觉得自己很羞愧。从那天起，我不再把自己看成是一个教"书"的老师，而是开始——走进孩子心灵，尝试着慢慢地、真正地爱这些原来在我眼里所谓的"调皮"孩子。

那一年的元旦，我给班上的所有孩子都写了一封信，在给小扬的信上，我写道：

小扬，我可以这样称呼你吗？最近，你的进步可真大啊，这些，老师从你下课时抢着帮老师擦黑板、作业完成得越来越工整、很少再和同学争执中发现了。你知道吗？你是个善良、聪明、可爱的孩子，老师喜欢你，老师也期待着能够和你一起继续进步。让我们一起努力，好吗？

小扬第二天就给我回了信，上面只有一句话，他说，李老师，我会努力的。

等到那一届的学生毕业时，小扬，已经成为他们中间比较快乐、比较受欢迎的一个了。

毕业后的第一年，小扬给我写来了一封信，上面同样只有一句话：老师，我整理资料时看到了自己六年级时写的一篇小文章，想看看吗？

随信夹着一篇这样的短文：

我的老师

我上六年级时，遇到了一个语文老师，她是我们的班主任，她用心地关心我们的成长。

有一次，在做课间操时，我肚子痛，对老师说了后，她马上带我到校医室，并对我说"以后要多注意身体。"

还有一次，早读的时候，我的喉咙痛，对她说："老师，我的喉咙痛，可以读小声点吗？"她说："可以。不舒服的话别读了，嗓子重要。"

她是世界上最好的老师。

小扬毕业后的第三年，我的手机上收到了这样一条信息，信息上说：李老师，还记得我吗？我是小扬，那个永远爱您的学生。

小扬毕业后的第五年，我接了一个他的电话，他说："老师，听说您不在家乡任教了，我找不到您，后来，我在百度的网站上搜索到了您现在任教的学校，打了学校办公室的电话问到了您的联系方式，学校办公室接电话的老师还以为我是坏人，开始不肯告诉我呢。李老师，快教师节了，节日快乐。"

2009年8月20日，小扬毕业的第9年。这次，他没有告诉我是怎么找到我的联系方式的，他只是说，老师，我马上就大学毕业了，等我领了第一个月工资，我想请您吃顿饭，好吗？我想当面告诉您，谢谢您让我觉得自己是重要的，我还想告诉您，您是我遇见过的最好的老师。

挂了电话，我的泪水夺眶而出。记得师范毕业时曾经读过一个叫"教师的启示"的感人故事。那个故事对我的影响至深，这篇文章的部分内容叙述就模仿了那个故事的叙述方式，我甚至还经常在工作中"盗用"那个故事中的一句话：我爱每一个我教的孩子。而印象最最深刻的，是故事中的这样一段话：遇到人生中的贵人时，要好好感激，因为他是你人生的转折点。同时，我们也要思考，如何，当孩子生命中的贵人。

小扬一直以为我是他生命中的贵人，其实，他不知道，他也是我生命中的贵人，正因为他，因为许许多多和他一样的孩子，让我觉得自己是重要的，让我觉得自己有能力去改变，让我知道自己该怎么"教书"，让我知道该如何心怀感恩之心，热爱美好生活。

（图5：参加教育故事的演讲比赛）

赵简子的另类目光

赵简子就是赵鞅。史书记载的有关赵简子的见闻中，有一则讲到了他求贤纳士的故事：有个叫杨因的人，听说赵简子广招天下名士，就赶忙前往应试。自我介绍说："我住在乡间时，有三次被邻居赶走；我侍奉君主时，曾五次挂冠而去；听说国君很喜欢读书人，所以特地前来求见。"赵简子正在用膳，听了禀报后嗟叹不已。饭也来不及吃完，就撂下碗筷。慌忙间竟忘了站起来，就这么跪地挺身准备出迎。左右的人上前劝谏说："三次被邻居赶走，说明他群众基础太差；五次辞去官职，说明他对国君不忠；现在您看中的这个人，已经有八次不良记录了。"赵简子说："这你们就不懂了。貌美的女子，会被丑妇所嫉妒；德高的君子，易被乱世所疏远；正直的行为，难免被恶人所憎恨。"于是乎，便以大礼出迎杨因，并拜他为相。自此而后，国家治理得果然很好。

上乘的美玉究竟有没有存在于粗粝的璞中，外行人是根本看不出来的，更不敢贸然鉴定，而眼力非凡的赵简子却拥有这样的"识玉"本领。

教师这个职业，就跟"看人"紧紧挂钩。自古以来，官方评价学生的标准，好像就只有成绩这一项。但一线的教师都知道，有的孩子，成绩优异，却自以为是，非常自私；有的孩子，成绩不佳，却待人温和，敦厚善良。如果一定要用成绩来衡量的话，那么，后一种孩子就是所谓的后进生，而后进生，往往得不到足够的理解和尊重。这就要求我们一线的教师，在看待学生时，要有一双"赵简子的另类目光"。

我曾经在一个教育论坛上公开反对一位向主讲嘉宾提问的老师，因为那个教师张口闭口就是"问题孩子"。她说："我们班有个问题孩子，他厌学。""我们班还有一个问题孩子，上课不专心听讲，有多动症，我该怎么处理？"我当时就质疑："到底是孩子有问题还是老师有问题？不是专业人士，却随便就给孩子下'厌学''多动症'这样的判断，这本身应该就是老师的问题吧？看孩子，要看到问题，但也要看到孩子的长处，而不是紧紧盯住孩子的缺点，然后给孩子贴标签。"

　　当然，在一线，的确经常会碰到有着各种各样问题的孩子，但面对这些孩子的时候，是直接给孩子贴上"多动症""自闭症"等等这样的标签，然后给自己找一个放弃的理由呢？还是，用"赵简子的另类目光"看待他们？

　　2014年我接手的班上有个叫小翔的孩子，成绩差到刷新了我任教多年的记录，最差的时候，居然可以考个位数。跟家长接触多了，才知道，家长年轻时忙着做生意，把孩子交给老人了，而老人为了省心，运用了最简单的办法：通过看电视让孩子静下来。结果，孩子年幼的时光，大多是在电视机前度过的，老人还告诉孩子的爸爸妈妈：我们放的是中央一台哦。这样的后果就是，爸爸妈妈事业有成把孩子接到身边后，发现孩子的学习能力特别差，凡是需要动脑筋的，孩子就直接放弃。在我的课堂上，这样的情况也照常出现，不管我在讲台上讲得多么激情洋溢，不管同学们在小组里演得多么投入，他的表情，一直没有多大的变化，只是呆呆地坐在那里。但就是这样一个孩子，却特别的善良，路上看到一只可爱的乌龟，都会央求妈妈把它买下来放生，而且，因为成绩不好，没有得到过太多的肯定，所以他特别珍惜大家对他的好，对同学非常的友善，因此，他在班上有不少好朋友，甚至，在期末评优时，他还被大家推选为"阳光少年"。和孩子的爸爸妈妈进行多次沟通后，我们都发现孩子特别喜欢制作一些小东西，也只有在制作自己喜爱的小东西时，他才能够专注下来。于是，在家长和我的支持下，小翔参加了班级的科技兴趣小组，而且，还在学校的科技节小制作比赛等项目中获了奖。

　　著名雕塑家罗丹不也是这样吗？从小喜爱美术，其它功课却很糟糕。在姐姐玛丽的支持下，失望的父亲不得不同意把他送进巴黎美术工艺学校。在那里他遇到了终生敬仰的启蒙老师荷拉斯·勒考克。勒考克是一个普通的美术教员，但他一开始就鼓励罗丹忠实于真正的艺术感觉，而不要按照学院派的教条去循规蹈矩。勒考克后来又介绍他到当时法国著名的动物雕塑家巴椰那里去学习，使他受到良好的基础训练，最终成为了伟大的雕塑家。

　　这些事例都告诉我们，不擅长学习的孩子，他可能擅长画画；擅长写作的孩子，他可能数学不怎么样；字写的差的孩子，他可能篮球打得特别好。当然，也有各方面都很优秀的孩子，但这些孩子就像又香又艳的花儿一样，是极少的。所以，就让每个孩子都做他自己吧，让我们训练出一双"赵简子的另类目光"，说不定，我们也能找到或挖掘出"杨因"、"罗丹"来。

（图6："我们班的美食节"班级活动现场）

（图7：参加课外实践活动）

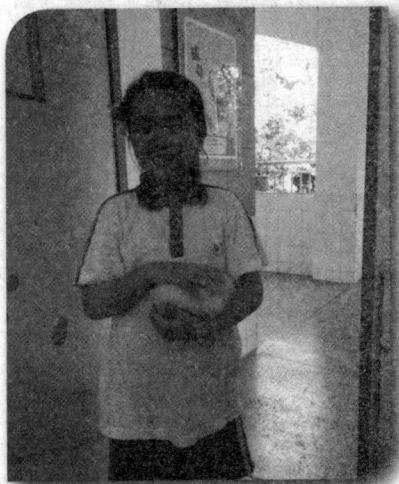

（图8："浓浓中秋情"
班级活动表演现场）

（图9：打扮我们的"家"）

评语，这样写更"走心"

每到学期末，很多当班主任的老师就开始头痛：又要写评语了。是的，写评语，工作量大，而且还不好操作。都是表扬吧，学生、家长觉得你报喜不报忧；被批评了吧，孩子、家长看了都觉得心里不痛快。所以，怎么拿捏，还真的是一件费心劳神的事。有的老师怕麻烦，直接在百度上搜索后就复制粘贴了，觉得这样更保险，但这样一来，容易走形式，不仅有"敷衍工作"的嫌疑，对学生也起不到促进的作用。在实际的工作中，我自己总结出了以下这几种比较"走心"的写评语的方式。

一、教师如实评

我常用的第一种写评语的方式就是如实评，既不夸大，也不掩盖事实。让学生感受到，教师平时在关注着自己，在留意着自己的表现。如：

小民，你是一个有主见、工作负责任、多才多艺的好孩子。运动会上，你的跑步速度让人惊叹；文艺汇演，你优美的舞姿让人佩服。可你为什么有的时候上课还会心不在焉呢？要知道，优异成绩的取得还需要专注、还需要勤奋，李老师多么希望，你的学习成绩也和你的体育、舞蹈一样出色。加油吧，好孩子，李老师期待你下个学期可以在课堂上看到你专注学习的身影！

小洋，你是那么聪明、有礼。你那双明亮的大眼里，满是热情、聪慧。做作业时，那新颖独特的答案，常常给老师惊喜。你笔下的那篇《我的小伙伴》，还让李老师发现你是一个语言感觉特别好、写作能力特别强的孩子。李老师希望，你能在课堂上更大胆一些，积极发言。课余能和周边同学处理好关系，这样的话，你一定会更出色。好孩子，加油吧！

小柯，你有主见、反应快，是个非常有想法的孩子，公开课上，我们可以领略到你思维的敏捷、感受到你的勇敢机智。可是，为什么平时的课堂上你总是那么心不在焉呢？不够扎实的学习基础，再加上作业本上潦草的笔迹，让你跟优异的成绩总是遥遥相隔。下个学期，你能收回那颗贪玩的心，把精力放在学习上，做个遵守纪律、用心学习的孩子吗？李老师期待着！不要让大家失望哦。

这样一来，被表扬到的同学很高兴，能激励他（她）努力做得更好；被批评的孩子心里也觉得服气，因为老师在关心、在期待，而有了这份关心和期待，孩子就会有动力争取做得更好。

二、同学间互评

每接手一个新的班级，我都会制作一张"优点收集表"，让学生写出自己及同班同学的优点，便于我迅速了解孩子们。这个表格的内容，有时会做成"优点展示墙"；有时，被我写在书信里放在给孩子们的新年红包中了；有时，会被我放在评语中。比如：

小肖，在同学的心目中，你是一个聪明、善良、活泼、热心、跑步快、跳舞好、乐于助人、团结同学、认真负责、多才多艺的棒男孩，希望你继续发扬你的优点，成为我们班名副其实的才子哦。

小熙，在同学们的心目中，你是一个开朗、热心、爱学习、画画好、书法好、作文写得好、乐于助人、爱打羽毛球、爱交朋友、写作业快，会下象棋，还能弹一首好钢琴的女孩。期待能看到你更多的大作哦，未来的大作家！

小泽，在同学们的心目中，你是一个幽默、聪明、善良、大方、爱看书、助人为乐、非常懂事的男孩。愿你在学习上加把劲，让成绩成为你的另一张名片。

孩子们的表现，既有优秀的，也有不足的。通过伙伴的激励和鼓舞，能激发孩子内心的斗志。

三、家长协助评

学期结束前的一个月，我会给家长发一张这样的表格：

这个学期，您对您的孩子（　　）的评价是：

根据回收的表格，再加上平时的观察，就形成了这样的评语：

小汶，你真是一个贴心的"小暖男"。在妈妈的眼里，你是一个孝顺的孩子，长辈生病时，你已经懂得端茶倒水、嘘寒问暖了；对老师来说，那包办公室桌面你悄悄放下的润喉糖，那张新年前夕你亲手制作的贺卡，都让我感到为人师的温暖。谢谢你，宝贝，我们都相信，你一定可以为更多人带去快乐和感动、贴心和温暖。

小宁，爸爸夸你，最近爱运动了，每天回到小区抱起了篮球就往操场跑；妈妈夸你，最近可以自觉完成作业了，不再需要妈妈在旁监管和督促；老师也感受到你最近的进步，真的特别为你感到高兴啊。孩子，继续加油吧，课堂上，专注地听；课外，痛快地玩。相信有一天，你自己也会为自己感到骄傲的，加油哦！

这样的评语，既有家长的感受，也有教师的观察，而家校联手，教育的效果是最明显的。

四、科任合作评

写评语，是班主任的事。但是，如果能把科任老师的评价加进来，无疑会更加全面，但科任老师不可能给每个孩子都写一份评语，这个时候，就需要班主任做个有心人了。我平时会随身带个笔记本，听到哪个老师夸哪个孩子时，会把这个夸奖的话记下来，然后适时地转告给孩子，如果听到批评的话，也一样会多留心，争取让这个被批评的孩子得到成长。到学期结束时，学生的评价手册里，有时会出现这样的评语：

小彤，数学老师夸奖你：思维敏捷，积极专注。英语老师称赞你：听课全神贯注，作业一丝不苟。美术老师夸奖你：极具绘画的天赋。音乐老师称赞你：歌声像百灵鸟的一样动听，表演极富感染力。你是一个多么了不起的孩子啊，你是准备成为音乐家呢？还是准备当一个画家？或者就一直这样当一个学霸？老师很是期待哦。

小宏，提起你，英语老师摇摇头：这孩子，太淘气，什么时候才能开窍啊？ 动漫老师叹着气：如果他能坐下来听讲，一定可以赢得老师、同学们更多的尊重。孩子，这些话都不是表扬的话，可是你知道吗？爱之深，有时就会责之切。是的，如果一个人的眼里只有自己，不顾他人的感受，不遵守游戏规则，心甘情愿做那个"熊孩子"，长大后，他可以成为顶天立地的伟丈夫吗？我不知道。我欣赏你的能言善辩，也欣赏你的交际能力，我期待着，你能懂得尊重老师的劳动和同学们的时间。加油吧，孩子，那一天一定能很快到来，对吗？

五、学生自己评

小函，你是一个爱看书，画画好的孩子，你会理性地思考，会发现平凡中的美。当然，每个人都不是完美的人，你也不例外。你会粗心到忘记在做数学题时写上单位，这是你最大的缺点，但这是真正的你。

小雨，你是一个活泼、积极的孩子，你是老师的小帮手、同学的好榜样。你上课认真，课间时能动能静，但你不能因为这样而洋洋得意哦！因为你也要看到自己的缺点，不要总因为一些小事而告状。希望你能更好！

小晓，你有很多优点。比如：书法好、学习好、值日负责……可是你有那么多优点，有些却没有在大家面前展示出来。其实，你还能做得更好。请你记住：仅仅尽力而为还是不够的，你要竭尽全力才可以更优秀。

看到这样的评语，你能想象它出自四年级孩子的手吗？是的，这是孩子们给自己写的评语。学期结束的时候，我会给孩子们发一张小纸条，让孩子们根据自己的表现给自己写一段评语。毕竟，自己才是最了解自己的人啊。孩子们或励志或稚嫩的这些评语，有时会被我写进评价手册中，有时会被我收藏起来，成为了解孩子的一种方式。

评语，作为学生一个学期以来学习生活的总结，它起到了一个连接的作用，既总结了这个学期的学习、纪律、卫生等情况，又对学生新学期的成长起到了点拨、触动、促进的作用。所以，马虎不得，需要我们教师用心书写，只有这样，写出来的那份评语才能真正走进孩子、家长的心。

在"纸条"中升温的师生情

心理学家提议，要教育学生，必须要了解学生，例如他的兴趣、爱好、特长、品质、性格等等。此外，还要研究学生，因为学生是活生生的个体，一个个充满个性的人。所以，作为一名小学教师，我深知自己身上的责任，作为一名班主任，我更清楚教育对学生的重要和关键，而这些年来所从事的中、高年级班主任兼语文教学工作，还让我懂得了教育工作的艺术性和技巧性。给学生传"纸条"便是我常用的方法之一。

一、用"纸条"消除师生之间的代沟

无论是毕业多年的还是刚毕业的教师，面对那些几岁或十几岁的孩子，听到他们新奇而古怪的想法，荒唐而不失聪慧的理论，看到他们俏皮而可爱的脸蛋，大胆而不失个性的举止，有时多多少少会觉得自己是不是离他们的世界远了。不过，只要你有一颗永远年轻的心，你就会发现，和他们一起走入"海底总动员""哈里波特""淘气包马小跳"的世界是多么的神奇和快乐。有的时候，我会和学生交换看录像带或书，看的无非就是卡通片或者"小人书"，那些都是极受孩子们欢迎而我们成年人看了也是有益无害的。在交换录像带或书的过程中，写上些"祝你有哈里波特的智慧"或"愿你拥有NIMO的可爱"之类的话，你就会发现，和学生之间那所谓的"代沟"早已在无形中消失得无影无踪了。

二、用"纸条"拉近师生之间的距离

记得有一年教师节的时候，学校让孩子们通过说一句话、献一首诗、唱一首歌的方式向老师表达尊敬、感激和热爱。当时，我们班一部分学生对我说了句"李老师,祝您节日快乐"之后就给其他老师送祝福去了。还有30多个学生,则用小卡片和小纸条在我的办公桌上堆满了祝福。拆开一看,是一句句充满童稚的祝福:"老师,我最喜欢听您讲故事了,不过我不会给您讲故事,就祝您节日快乐吧!""李老师,虽然我们刚认识不久,可我喜欢你。""老师,我会努力学习的。""老师……"我虔诚而感动地接受了孩子们的祝福,同时也提起了笔,拿出了小纸片:"谢谢你的祝福。""我也喜欢你。"……那一刻,我感觉和孩子们的心贴得是那么的近。

三、用"纸条"解决师生之间的矛盾

孩子们之间难免会有些小磨擦,而教师在处理这些小磨擦时也难免会出现一些漏洞。有一次,我们班的小毅和小莹闹别扭了。当时我急着要上课,匆匆把事情处理后就上课去了。课堂上,我发现小毅没什么心思听讲,小脸老盯着小莹,一副很是不服气的神情。我走到他身边轻轻地拍了拍他的肩膀提醒他后情况才有了些好转。放学时,我给了他一张小纸条:"小家伙,心里不舒服是吧?刚才小莹向你吐口水是她的不对,可她已经向你道歉了啊,而且,你不也……"看完纸条后,我发现他不好意思地摸了摸后脑勺,笑了。

四、用"纸条"增进师生之间的感情

当班主任的经常要家访,家访时去的一般都是平时比较调皮捣蛋的或者学习有点跟不上的学生家,至于那些表现好、成绩优异的学生,觉得没有必要太操心,所以有时就顾不上了。我就经常犯这样的错误。有一个学期,我班上有个叫小航的学生,学习成绩很好,平时表现也不错。我发现有好几次,他走到我身边,好像想说什么,却又不好意思地走了。有一天,他对我说:"李老师,我在'心灵小屋'放了张纸条,给你的,你一定要看

哦。"那是一张地图，画的是学校到他家的路线。小航对我说，从来没有老师到他家家访过，李老师，你一定要来啊。我马上在课余时间给他回了张纸条："老师一定会去你家家访的，其实我早就想告诉你爸爸妈妈，你在学校的表现非常出色……"

在这样一来一往的"纸条传情"中，我和学生的感情日益深厚了。

五、用"纸条"激励师生之间的斗志

在接手小航所在的这个班级时，很多好心的老师就告诉我，这个班的孩子很善良、很淳朴，只是学习基础不够扎实，成绩还不是很理想。接手后，我发现正如大家所说，班上的很多孩子还不懂得学习的重要性，一点也不重视学习。于是，我经常给孩子们打气："知识是宝石，得趁机会多捡点""只要肯努力，一定能学好"。在每个单元测试的试卷上，我都给他们夹一张小纸条，有时就直接在试卷上写一两句鼓励的话，有的是很简单的两个字："加油"；有的是"如果你能再细心些就好了"；有的是"你可以把字写工整些吗"；还有的是……

学生们有时也会给我留纸条："李老师，我们会给自己定好学习目标的，您放心！""李老师……"

教育工作是繁重而琐碎的，教育工作又是充实而快乐的，我愿用"纸条"、用教育的热情、用心灵搭一座桥，把桥的另一端延伸到孩子们的面前、心里，让我与我的学生们走的越来越近，越来越近……

曾经有一个同事问我，给学生传"纸条"，你不觉得累吗？我却觉得，当师生感情在"纸条"中升温时，我只有喜悦。而且，当和学生的感情越来越融洽时，很多问题的处理就变的事半功倍了。这个时候，我的感觉只有两个字："轻松"。当然，这个"纸条"还可以是"眼神""对话""书信"等等。

等待花开

2010年9月，我又接手了一个毕业班。这是我带的第八个毕业班了，按理说，应该是驾轻就熟、游刃有余的。可无情的现实在我上班的第一天就给我泼了冷水，那是一种怎样的局面啊……

六七个男孩子围成一团，有四五个男孩子在扯着嗓子叫嚷，还有两个男孩子抡起了胳膊挥动着拳头在抢一张新椅子。其他的同学看着他们，却不敢上前阻止，那躲闪的、怯生生的眼光里流露出来的，除了畏惧，还是畏惧。教室的地板上，洒满了纸屑，我甚至还看见了几个矿泉水瓶，有一个瓶子还在滴着水。

抢椅子的男孩子中，有一个叫小强，父母在综合市场卖猪肉，忙于生计，几乎没有时间管教他，见他犯错，就直接揍。他很聪明，可随心所欲惯了，不懂得遵守规矩，更要命的是他非常容易冲动，吵架、打架对他来说，简直是家常便饭。他的口头禅是：我是蟑螂，无敌小强。最让我生气的，是他犯了错来到我办公室后，仍然横着脖子，摆出一幅不可一世拿我奈何的样子睁大了双眼瞪着我。如果没有人证物证，他就抵赖，对着我喊："不是我！真的不是我！你凭什么说是我啊？"如果有证据，他就跟我顶嘴，说谁谁谁先惹我的，这件事还有谁谁谁也有份。跟他讲道理，简直是对牛弹琴。后来我改变主意了，对待君子要用对待君子的方法，对付"小人"要用对付"小人"的手段。用对待君子的方法去对待"小人"，那永远都是没有结果的。对他，讲什么道理啊？这一年，就准备几句简单的话为他"送行"吧。

我的话很快就派上用场了。一天中午，我刚到楼下，就听到同事对我说，你们班小贤的家长带着孩子来找小强，说是上午放学的时候小强把小贤踢伤了。

　　原来，上午放学的时候，小贤不小心碰到了小强，还没有来得及说对不起，小强就给了他一拳，小贤不服气，还了手，结果小强对着小贤就是狠狠地一脚，把小贤给踢伤了。

　　了解了事情的始末，如果是以前，我会这样教育小强："小贤碰到你没有及时向你道歉是他的不对，但他不是故意的，你却因为同学无意的伤害大动干戈，给同学造成更大的伤害，从有理变无理，你要为自己的行为检讨并且为自己的行为买单。"但这次，不喜欢动辄就请家长的我却直接通知了小强的家长，然后和小强的家长一起带着小贤去医院对受伤的部位进行了全面的检查，确定没事之后才回了学校。

　　回校的途中，我跟小强的妈妈说："你回去不要打他了，就把自己满头大汗地在检查室和收费处来回奔跑的情景以及因为他闯了祸你不断替他道歉的情景详细地描述给他听吧。"小强的妈妈答应了。而我，在第二天早读课见他身上没有什么伤之后才找了他，对他说："冲动是要付出代价的。我送你一句话——一个总是让母亲为他操心的孩子，不管他是不是好学生，但他绝对不是一个好儿子！"他一句话也没有说，但第一次，在我教育他的时候，他没有横着脖子瞪我。

　　时间一天天的流逝，校运会来了，小强有短跑的长项，他却不准备报名。我说："为集体出力，有多少同学想做却力不从心。体育老师推荐你，你却不准备参加。你不是还有一份作业没有补吗？报了名，就免了。"好，他同意报名了，但上了运动场，却开始说起了丧气话，什么我的脚受伤了啊，我不想跑啊，我跑了也是倒数啊。我一概不理。不过还好，上了赛场的他跑起来倒是挺拼命的，比赛结束，他拿了一个年级第二，一个年级第四。全班同学为他送上了热烈的掌声，为他欢呼。我说："再送你一句话——努力地发扬你的优点，就能为你赢来尊重。"

　　当小强因为贪玩损坏了班上的电教平台时，我让他预支了自己的零用钱请来了师傅维修，并送给了他第三句话："做错事是要受到惩罚的，在做任何事之前，先想想这件事是对的还是错的，对的就做，不对的就不要做。"当小强拿碎粉笔砸班上最弱小的女孩小鑫，在被我鼓励后的小鑫往回扔的碎粉笔落在他身上时我送给他第四句话："以暴制暴是不对的，可我们今天却想用这种不对的方式告诉你'尊重别人，就是尊重自己，一个不懂得尊重别人的人，不配得到别人的尊重！'"当班上的其他同学由最初的畏惧到慢慢地接近他，有的还成了他的朋友时，我送给他第五句话："赢得朋友的，不是拳头，而是笑脸。"……

　　离毕业的时间越来越近的时候，虽然小强偶尔还会惹些小麻烦，但他的表现，已经是越来越让我满意了。我想，教育不是一件急功近利的事情。有的花儿，是需要很长的时间等待，很多的心血浇灌，你才能看见那花骨朵的。而小强，以及"小强们"，就是那种花儿，我不敢保证一定能让他们绽放出灿烂的花朵，甚至不敢保证他们一定会开花。但我相信，我花费的时间，我播撒的汗水，我付出的心血，会化成花儿成长过程中头上的那一缕阳光、脚踏的那一方泥土、身上受到滋润的那一滴露水，在慢慢地、慢慢地渗透到他们的生命之中。

家访有备而来，效果事半功倍

传统的家访，容易变成"告状会"，会后的效果，网民们喜欢用"竹笋炒肉""男女混合双打"来调侃。至于效果，不敢恭维。在长期的一线实践中，我发现，家访前做功课非常重要，因为家访的目的是为了促进孩子更好地成长，所以，了解孩子，了解孩子背后的家庭，了解孩子存在问题背后的原因，就显得非常重要。

我们班有一个叫小温的孩子，缺乏安全感，容易被激怒，自理能力差，没有什么朋友，对学习也没有什么兴趣。走近他的家庭，我才发现，他的家境非常优越，但母亲是个典型的"女强人"，在他才7个月的时候就把他扔给了保姆，孩子的衣食住行，都是保姆在照顾，母亲平时陪伴孩子的时间非常少，对孩子的要求又非常高，在孩子出现状况时甚至会暴打孩子，所以，孩子和她一点都不亲近。父亲在孩子幼年时期陪伴孩子的时间也非常少，近两年相对好一些，有时会和孩子一起运动、游戏，但父亲对孩子的学习没有任何要求，他的原话是："孩子学习成绩无所谓，只要开心就好。"当孩子的年龄越来越大，自理能力却没有提高，成绩也非常糟糕，又不懂得怎样和老师、同学交往时，家长急了。其实，接到这个班看到这个孩子时，我也着急，但我更清楚，找到问题的根源才能对症下药，所以，几次电访后，我才开始了家访。

见面时，我先当着小温的面问小温的爸爸：小温的优点有哪些？接着又问小温的妈妈：小温的优点有哪些？然后，我让小温把爸爸妈妈说到的优点记录下来，贴在床头。做完这些事情之后才开始和小温的爸爸妈妈开始了详谈。临走前，我给了他们两份资料，一份是龙应台的一篇文章《父母是有有限期的》，而另外一份，是我根据之前对小温家庭的了解所列的建议。内容如下：

给小温家庭的建议：

一、多交流

爸爸和妈妈每天和孩子交流的时间不少于15分钟。孩子先说5分钟，然后爸爸说5分钟，妈妈说5分钟，大家充分表达自己的想法，别人说的时候只专心倾听，不打断，不批评，不指责。大家都说完后可以交流听后的感受。

二、多拥抱

回家、离家时真诚地拥抱。

三、多游戏

玩家庭游戏，如：听声找人、测方向，也可以由爸爸妈妈或者孩子自己想出游戏名称，可以反复玩。

四、多阅读

购买孩子喜欢的书本，如《父与子》《猜猜我有多爱你》《我是霸王龙》《晴天有时下猪》等等。

五、多发现

发现孩子的兴趣，并且发展这个兴趣。

发现孩子的优点，并且把这个优点记录下来贴在墙上。

给小温妈妈的建议：1. 不打孩子；2. 尽量减少应酬，多陪伴孩子。

给小温的建议：1. 课堂上能听懂多少听多少，能写多少写多少，不放弃自己的学习；2. 交一个好朋友。

从小温家回来后，小温的爸爸妈妈给我发了一条短信：

李老师：您好！非常感谢您如此真心的帮助我们！谢谢！对于　　的教育，我们两公婆达成一致，今后在生活常识，学习上多花点时间去引导他，愿老师们及同学们也一起鼓励他！😊

李老师：您是我真心佩服的老师，无论于学识或对学生的教育上！都是很优秀的！

　　而小温的表现，如：整节课静下来专注地听课、和大家友善地交流，这些，他仍然做不到，但和同学之间发生的肢体冲突，在明显地减少，课堂上，有时也能听上十多分钟。我有信心，他一定会慢慢进步的。我也有耐心，等着他一点一点成长。

　　在一线当班主任的时间越久，我就越清楚地知道，孩子的问题是长期累积下来的，想要一下子就根治，几乎是不可能的，所以，专家们讲座里那一个又一个"和我聊了两个小时后，他回去就认真读书了，后来考上了某某重点中学""我教育他之后，他就再也没有犯过类似这样的错误"之类的事例，对我来说，只能是高山仰止，望尘莫及的。但是，用心地做好每一件对孩子成长有利的事情，比如，做好家访前的准备：一篇关于家庭教育的文章、一封建议书、一张生活作息惯例表等等，是我觉得既快乐又幸福的事情，而且，这样做，往往还能得到事半功倍的效果。

巧用"短信"桥，共筑"育人"巢

家庭、学校是孩子成长中最为重要的环境，家庭教育和学校教育缺一不可。著名教育家苏霍姆林斯基就曾经说过："教育的效果取决于学校和家庭的教育的影响的一致性。如果没有这种一致性，那么学校的教育教学过程就会像纸房子一样容易坍塌。"家校的沟通交流对学生的教育起着关键性的作用，学校只有加强与家庭的交流沟通，才能为学生创建一个最佳的成长环境，才能更好地促进学生全面发展。

这些年来，社会上流行这样一道数学公式：

5+2=0

"5"指的是学生星期一到星期五在学校接受的教育，"2"则指学生星期六、星期天回家受到的影响。"5＋2＝0"说的是学校对学生5天的正面教育被家庭、社会对学生2天的"负面影响"抵消掉了。也就是说，5天的学校教育，加上2天的家庭教育，等于无效教育。虽然这种说法有些极端，但这也可以看出家庭教育对学校教育的影响是举足轻重的。每个人的成长都会受到生活环境的影响，对于孩子来说这种影响尤为重要。

放眼望去，为构建学校、家庭、社会一体化的教育体系，学校一直在努力，而大部分家长也一直非常重视，那么，该如何充分发挥家长在学校教育管理中的重要作用，形成家校教育合力，增强学校与家庭之间的有效沟通呢？

在这些年的一线班主任工作中，我发现，短信就可以在家校联系中发挥纽带的作用，那一条条从校讯通或者QQ群发出去的短信，架起了我和家长之间的"育人"桥梁。

一、用"短信"促进家长对孩子学习的了解

新学年开学的时候，我都会给家长发一条这样的短信：

您好，我是您孩子的班主任兼语文老师XXX，非常荣幸能够陪伴您的孩子成长。在以后的工作中，期待您的理解、支持和配合。如果您想了解您孩子在学校的各项表现，或者对我的工作提出意见、建议的话，欢迎您直接回复本信息或者致电XXXXXXX。希望我们的共同努力能让您的孩子更加健康、快乐、出色地成长。

这样的信息让家长感受到了来自教师的真诚，很多家长都对孩子的校园生活感兴趣，以后的教育教学生活中，不少家长有什么事情的时候都会直接发来信息，有时是："老师，我的孩子最近课堂上专心吗？"有时是："老师，孩子最近没有给您带来什么麻烦吧？有劳您多教育了。"有时是："孩子最近的作业完成得还好吗？我最近很忙，回到家孩子都睡了，也没有来得及监督……"

这些信息，都透出了家长对孩子的关心，为了让家长更加了解孩子的学习情况和思想动向，我会利用时间一一回复，让家长对孩子的学习生活有一定的了解。

期末了，我给家长们发了一条这样的信息：

XXX家长，您好，今天我们举行了颁奖典礼，如果您的孩子受到了表彰，请您今晚表扬您的孩子并鼓励您的孩子再接再厉；如果您的孩子没有受到表彰，请您鼓励您的孩子继续努力，争取更出色的表现、更优异的成绩。

家长们清楚了孩子的成绩和表现，对自己的孩子多了一份了解。发现问题的，可以配合老师共同教育；发现进步的，可以及时肯定鼓励。这样一来，家校就成了"盟友"，共同为孩子的健

飞刀老师的「太极拳」

康成长打下坚实的基础。

二、用"短信"加深家长对教师工作的认识

曾经有家长说，你们当老师的工作多轻松啊，平时上几节课、改改作业就可以了，真舒服啊。碰到这样的家长，我们也只能一笑了之。不过，接触久了，家长就能理解老师的辛劳，对老师的工作进行大力支持和配合了。

记得2009年H1N1横行的时候，我几乎每天都要给家长发短信提醒，周五学生放学时的信息是这样写的：

尊敬的XXX家长，您好，请提醒您的孩子先完成作业后再玩耍，确保作业的质量。玩耍时不要到人流密集的地方，并适当加强体育锻炼，增强体质，预防流感。谢谢。

周日的信息是这样写的：尊敬的XXX家长，您好，明天是您孩子返校上课的时间，请提醒您的孩子明天准时到校。回校前，请为您的孩子做好健康自检工作，凡是体温超过37.2摄氏度的，请到医院检查治疗并及时来电请假，烧退3天后、没有明显的感冒症状才能回校。

发放接种疫苗后的信息是这样写的：尊敬的XXX家长，您好，中午您的孩子会带回关于接种甲型H1N1疫苗的各项表格，请您认真阅读接种工作须知，尤其要关注接种的注意事项，如果您确定孩子可以接种，请在知情同意书监护人一栏签名，并且把父母信息认真填写好，下午让您的孩子把知情同意书带到学校来，谢谢！

所以，学校的工作，远远不止上几节课、改几本作业那么简单，我们私下统计一下，学校每年都组织课外实践活动，除了要统计家长联系电话、统计特殊体质孩子人数等等之外，我们至少还要给家长发几条这样的信息：

33

活动前一周：尊敬的XXX家长，您好，学校将于下周开展校外社会实践活动，有关的通知已经发到您孩子的手上了，请您查阅。

活动前一天：尊敬的XXX家长，您好，明天请提醒您的孩子带好衣服、洗刷用品、雨具准时到校参加校外实践活动。请您告诉孩子不要带贵重物品并在家做好孩子的安全教育工作。请提醒您的孩子明天外出参加实践活动要注意安全，并记好家长及老师的联系方式，以便需要时联系。

活动结束后：您好，您的孩子已安全回到学校，现在已经放学，请您到学校接回您的孩子。请您提醒孩子今晚好好休息，明天早上准时回校。谢谢。

对于担任低年级班主任的老师来说会更累。记得有一年我带过一学期的三年级，学雷锋纪念日了，我得发："尊敬的XXX家长，您好，明天是"学雷锋纪念日"，学校准备开展"学雷锋，献爱心"活动，学生以自愿为原则捐出自己的零花钱。如果您的孩子想献出自己的一份爱心的话，请明天早上参加募捐仪式。""五一"到了，我发："尊敬的XXX家长，您好，您孩子五一放假的时间是5月1日到5月5日，6号（下个星期四）是您孩子回校上课的时间，假期比较长，请您教育孩子要注意安全，并适当安排时间学习。"开家长会了，我发："尊敬的XXX家长，您好，今天下午2：30学校召开五年级学生家长会，我们班语、数、英老师在XX班教室等候您的光临，请您准时参加。"放学时天气变了，我发："尊敬的XXX家长，您好，由于雨势较大，如果您的孩子没有带伞的话，请您到学校接您的孩子回家，路上请注意安全。"学校放寒假了，我发：尊敬的XXX家长，您好，您孩子的评价手册已经发下去了，请您查收，请对您孩子寒假需要完成的作业进行督促，并协助填好您孩子评价手册里面的家长评价表。另外，这个学期已经顺利结束了，感谢您一个学期以来对我们工作的理解、支持和配合，谢谢！再一次请您提醒孩子注意假期安全，祝您的孩子有个愉快的寒假！

信息一多，就显得老师的琐碎、啰嗦，但很多时候，老师也是不得已而为之的，没错，有的孩子是老师讲过通知后就能记住内容的，有的家长也是老师交代了就能做到的，但也有很多例外的，因此，本着对孩子更加负责任的态度，更多的老师，在上课改作业之余，惦记着孩子的事，于是，校讯通上、QQ群里，信息，就这样传达了老师的关注、学校的要求。后来，还是那些当初感叹"教师工作太轻松"的家长，口口声声地纠正说："老师的工作真不容易啊，事情太多太繁琐……"

在对教师的工作有了深入的了解后，在深切地感受到学校对学生的关心、老师对学生的关爱后，家长对老师的工作，也更加支持、更加配合了。

三、用"短信"建立家长和教师之间的情谊

因为交流始终在一种真诚、平等、和谐的气氛中进行着，家长们越来越深刻地认识到教育不仅仅是学校的事，家庭更负有不可推卸的责任。很多家长纷纷表示，要为孩子健康、快乐地成长尽自己最大的努力，并尽可能地创造各种条件为学校提供学生实践、成长的基地，同时，还与老师达成了共识，并对老师的工作给予了肯定。

记得2009年的六一节的时候，我给家长们发了这样一条短信：尊敬的XXX家长，您好，今天是您孩子的节日，祝您的孩子节日快乐，也请您为孩子送上真挚的祝福。

家长们除了回复信息表示感谢之外，教师节的时候，他们也投桃报李，不忘给老师送来真挚的祝福。

更多的时候，家长因为感受到了老师对孩子的关注和关心，也会向老师传递着自己的感激：

老师，谢谢您让我的孩子对学好语文有信心，谢谢您对他的宽容和理解，谢谢您对他的帮助和鼓励，谢谢您对他的指导和培养……谢谢！

老师，孩子最近的学习习惯好了，变得爱阅读了，谢谢您！

……

事实证明：信息交流除了可以让老师最大限度地了解学生学习习惯，生活习惯，便于教师因材施教、对症下药之外，还便于老师有的放矢、因地制宜地做好管理工作。

由此可见，学校教育要真正起作用，要得到家长的理解、重视和配合，短信是学校和家庭加强联系的重要方式，是沟通教师、家长、学生心灵的桥梁，是促进学生健康成长的重要纽带。巧用"短信"桥，共筑"育人"巢，从小处着手，充分调动学生家长参与学校教育工作的主动性与积极性，发挥学生家长在育人过程中的重要作用，才能促进学生素质的全面发展，才能让5+2=0发展到5+2=7或者5+2＞7！

尊重，从课堂上做起

作为一名平凡的教师，我希望得到学生的尊重。从教多年，可能是因为一直在一线吧，跟学生接触得比较多，很幸运的是绝大部分的学生都让我感受到了这种价值。我想，这除了跟学生本身的道德水平有关之外，其实还应该跟我们平时对学生的教育有关。我就常常通过我的语文课堂，来提高学生的这种做人的基本素质。

我喜欢给学生讲周恩来总理的故事：

在日内瓦会议期间，一个美国记者先是主动和周恩来总理握手，周总理出于礼节没有拒绝，但没有想到这个记者刚握完手，忽然大声说："我怎么跟中国的好战者握手呢？真不该！真不该！"然后拿出手帕不停地擦自己刚和周恩来总理握过的那只手，然后把手帕塞进裤兜。这时很多人在围观，看周总理如何处理。只见周恩来总理略略皱了一下眉头，然后从自己的口袋里也拿出手帕，随意地在手上扫了几下，然后——走到拐角处，把这个手帕扔进了痰盂。他说："这个手帕再也洗不干净了！"

孩子们在为周总理的举动欢呼的同时明白了一个道理：你不尊重别人，也就不配得到别人的尊重。

那么，怎样才能让学生懂得尊重呢？

首先，让孩子学会倾听。

倾听是最能表达对别人尊重的方式之一。如今的课堂早已不再是教师对学生的"满堂灌"了，但教师在对知识的传授过程中，适当的引导和点拨，仍然需要语言来传达。教师的表达生动形象深入浅出，能吸引学生是非常重要的。但更为重要的，是引导学生学会倾听，除了倾听老师的"传道授业解惑"外，在同学之间小组讨论的时候，在个别同学汇报学习情况的时候，也要懂得安静地听、专注地听。因为，不合时宜的七嘴八舌就会使学生没法听取别人的意见，这样的话，就有可能错过很多知识点或者值得学习的其他更为精辟的意见了。

所以，我的课堂上，当出现吵杂的声音时，我就会停下来，等学生都安静之后，再开口表扬听得特别认真的孩子，用身边的榜样来引领孩子们，并提出期望，希望其他同学也能这样倾听。如果是因为学习的内容比较枯燥学生才说小话的话，我就会及时调整学习的方式，由老师讲授改为"小老师上课"或者小组学习、好友互学。并且强调，在"小老师"上课或者进行小组学习时要"个人发言大声说，小组讨论小声说""学会倾听，懂得尊重"。

其次，让学生懂得欣赏。

课堂上经常会闪烁着智慧的火花，而欣赏，则能让孩子感受到尊重，同时，还有可能激励出更多的智慧的火花。课堂上，除了教师要学会欣赏，也要让孩子们学会彼此欣赏，自发的掌声，情不自禁的赞叹，鼓励的话语，都是最好的表达欣赏、体现尊重的方式。

我经常会在课堂上评价学生的时候用上具体的事例，比如"刚才小诗同学回答问题时一个句子就用到了两个成语，积累的词汇真多！"比如"小浩同学在课前演讲时表现得更加镇静、自信了，他口若悬河的样子让我特别欣赏。"……受老师的影响，孩子们也越来越会欣赏别人了。有时，他们会在日记里写到："今天的语文课堂上，小雪同学读了一段她写的作文，那优美的句子，深深地打动了我，真是厉害啊，我也要向她学习。"有时，孩子们会跑来告诉我："老师，你知道吗？我们数了一下，小董有16个优点呢，看来，他应该可以越变越懂事的……"

当然，尊重，一方面指尊重别人，另一方面指尊重自己。我们的生活不能缺少尊重。社会上的一些人，就是因为对法律缺乏尊重而导致犯罪，对真实缺乏尊重而导致谬误流传，对自己缺乏尊重而导致人云亦云。所以，让我们学会尊重，懂得尊重，同时，作为一名普通的语文教师，让我们的学生学会尊重，懂得尊重——从我们的课堂上做起。

积极心理教育在班主任工作中的应用

有一位心理学家曾经说过："教师每天都在接触学生，心理不健康的教师对学生的心理健康的危害不会低于身患传染病的教师对学生身体健康的危害"。也就是说：对于学生来说，至关重要的是拥有具备良好心理素质的教师。但一直以来，班主任的工作方式深受病理模式的影响，把焦点和思维一直放在学生的个人弱点、困扰问题上面，这样一来，我们眼里的"问题学生"被我们指出问题后却一直还是"问题学生"，苦口婆心教育的结果是更加束手无措。作为一名拥有十几年教龄的班主任，我深刻地感受到，想要拥有快乐、成功的教育生涯，教师就必须具备良好的心理素质，而这些良好的心理素质，包括了善良平和的心境、乐观积极的态度、应对挑战的勇气、承受挫折的能力、战胜危机的意志等等。

对比起其他科任老师来说，作为小学生成长最忠实的陪伴者——班主任，工作更重要，也更艰巨。而班主任和学生在接触的时间和空间上的可能性，也为积极心理教育的渗透提供了得天独厚的土壤。在进行思想教育时，有意识地将良好个性的形成、意志品质的培养、思维能力的锻炼与教育工作紧密联系，让学生了解生命的价值和意义，把教育的焦点从被动的治疗转为积极的预防，帮助学生找到内在的心理能量，使学生受到积极心理教育的熏陶。

既然良好的心理素质是如此的举足轻重，既然班主任工作与心理健康教育拥有着最佳结合点，那么，在班主任工作中，该如何自觉地、有意识地、有效地渗透积极心理教育，从而帮助学生提高心理素质，促进认知、情感与行为技能的发展呢？经过多年的心理学知识的学习和一线教育工作的实践，我认为以下几种方式值得参考。

一、在学科教学中唤起学生的积极情感

在当今的小学教育机制中，班主任往往是语文、数学、英语等科任中选拔出来的，都兼任了主要科目的教学工作，教学工作应该是充满生命力的，而这生命力的唤醒，有赖于"课堂之舟"的掌舵者——科任老师。在课堂上唤起学生的积极体验，则有赖于科任教师的引导。

就以语文教学来说吧，语文教材中的人物画廊为学生认识世界、了解人生、体验情感提供了一个色彩斑斓的空间，也为学生心理品质的优化提供了有血有肉的凭借物。因此，语文教师在进行教学时，要具备先进的教学观念，对学生进行有意识的渗透与引导，进而培养学生克服困难的意志、一丝不苟的学习作风、树立科学的精神和科学的态度，并形成认真、细致、耐心、踏实等良好的性格特征。

例如，在进行义务教育课程标准实验教材第七册第三组的第三篇课文《尊严》的教学时，除了让学生读懂课文写的是美国石油大王哈默年轻时的一个故事："在一个寒冷的冬天，在逃难的路上，年轻的哈默饥寒难忍，但是他拒绝了送到面前的食物，理由是他不能白吃人家的东西，只能在帮忙干完活以后，他才吃这份食物。后来，他留在杰克逊家里干活，成为庄园里的一把好手。"还要让学生从这个故事中体会到，尊重自己，才能获得别人的尊重。让学生懂得做人的道理：时刻维护自己做人的尊严。

这样，通过课文内容的学习，让学生更清楚地明白：自尊是一种高尚。尊重必然换来尊重。尊严，就是拒绝乞讨。尊严，就是以自尊赢得别人的尊敬。人必自敬，然后人敬之。

同时，在这节课上，教师除了完成了教学任务外，还可以在课文知识的传授过程中，进行适当的拓展延伸，给学生讲一些现实生活中的事例，如："杭州有个勤工俭学的大学生，到一家面包房推销黄油，和老板约定第二天上午10点见面。第二天，这个大学生准时到达，但等到下午4点，老板才慢慢赶来。大学生厉声告诉他：'你可以不买我的黄油，但你不能伤害我的尊严！似这样言而无信，你一辈子也成不了大老板！'老板惊得满头大汗，但很快就竖起了大拇指，不仅自己和这个大学生签订了长期合同，而且给他介绍了很多生意伙伴。"

这样一来，就充分利用教材赋予的人物的积极情感因素，引起了学生共鸣，使学生在（自立+讲原则+自强+自尊）×努力=成功这个公式的潜移默化中受到了教育。

除了语文教学，其他科目的教学也一样，我们在"以学生为本"的科学发展观的引导下，实施心理健康教育的主要途径还有很多。渗透方式可以如下：

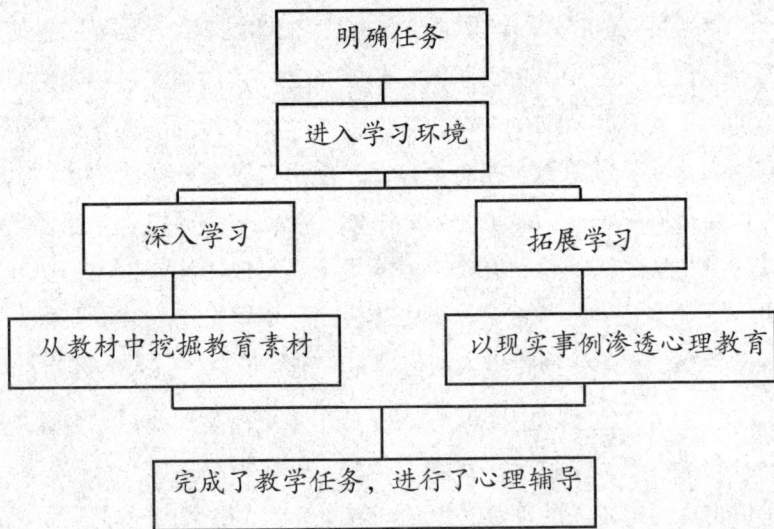

```
                    ┌──────────────┐
                    │   明确任务    │
                    └──────┬───────┘
                    ┌──────┴───────┐
                    │  进入学习环境 │
                    └──────┬───────┘
              ┌────────────┴────────────┐
        ┌─────┴──────┐            ┌─────┴──────┐
        │   深入学习  │            │   拓展学习  │
        └─────┬──────┘            └─────┬──────┘
    ┌─────────┴─────────┐      ┌────────┴──────────────┐
    │ 从教材中挖掘教育素材│      │ 以现实事例渗透心理教育 │
    └─────────┬─────────┘      └────────┬──────────────┘
              └────────────┬────────────┘
            ┌──────────────┴──────────────┐
            │ 完成了教学任务，进行了心理辅导 │
            └─────────────────────────────┘
```

这个过程，一方面要求我们教师在进行教学活动时，要以发展的眼光评价学生，多采用鼓励、赞扬、期待、肯定等评价方式以建立学生的学习自信心，调动、激发学生以积极情感参与学习活动，还要求教师要抓住知识的形成过程，强调学生的参与，提高学生的知识水平，而且要在了解学生学习心理的基础上，结合学科的教学过程，有机地对学生渗透心理健康教育，有效地化解一些问题学生的心理障碍，像焦虑紧张心理、惧怕消极心理、自卑放弃心理、失落悲伤心理，从而促进学生的心理品质和个性的和谐发展。

二、在班级活动中渗透积极的心理体验

班级活动是班级管理的灵魂，只有班级活动成功地开展了，班主任的教育理念才能水到渠成的落实。在班级活动的开展中，可以渗透积极的心理体验。而"心理游戏体验法""心理故事渲染法"则是我最常使用的教育方法。

有一节班会课，我在学生确定了自己的学习目标后在班上开展了一个班级活动，活动主题为：没有什么不可以。在这个活动中，我带领学生玩了一个游戏，首先，在教室的中间画了6条相同长度的横线，然后让学生从这一排横线上走过去，要求是：不能重复别人走路的方式。如果重复了，要插到队伍的最后重新排队再走，直到过关为止。在这次的游戏体验中，学生明白了：想要达到目标，有很多的方法，关键是看自己有没有动脑筋。

类似这样的心理游戏还有很多很多，"打开心窗"让学生懂得了真诚地主动地敞开心扉可以赢得友谊；"敢不敢倒下"使学生清楚了学会信任别人和值得别人信任是一件多么光荣的事情；"你会不会表达爱"让学生明白了即使是面对朝夕相处的父母，爱的表达也是多么的必要……

另外，根据小学生对故事有着浓厚兴趣的特点，"心理故事渲染法"也是一种比较适合小学生的教育方法。比如，当发现学生之间互相瞧不起的时候，纯粹的说教式的教育方式很难让学生之间的关系变得和谐，这个时候，可以尝试使用心理故事激励法。如果是我，我会给学生讲述一个心理小故事：有一个人经过热闹的火车站前，看到一个双腿残障的人摆设铅笔小摊，他漫不经心的丢下了一百元，当作施舍。但是走了不久，这人又回来了，他抱歉地对这残障者说："不好意思，你是一个生意人，我竟然把你当成了一个乞丐。"过了一段时间，他再次经过火车站，一个店家的老板在门口微笑着喊住他，他一看，正是原来那个摆摊卖铅笔的残障者。"我一直期待你的出现，"那个残障的人说，"你是第一个把我当成生意人看待的人，你看，我现在是一个真正的生意人了。"

这个心理故事，让学生懂得，你怎么看一个人，那个人可能就会因你而有所改变，你看他是宝贵的，他就是宝贵的。一份尊重和爱心，常常会产生意想不到的善果。所以，我们不妨用心地看待这个世界，用心地去尊重每一个人及自己，那样的话，将会发现自己及周遭的人都有着无穷的潜力。

三、在日常生活中培养积极的人格品质

在日常的校园学习生活中，班主任要创造和谐的师生关系，培养学生积极的人格品质。正如伟大的生物学家巴甫洛夫所说：愉快可以促进人体的健康发展。马克思也曾经说过："一种美好的心情，比十副良药更能解除生理上的疲惫和痛楚。"在良好的人际关系背景下，师生之间的积极关系所带来的积极情感，合作支持的态度和良好的情绪气氛，都将促进教育教学效果的提高。比如，面对一个书写潦草的孩子，如果他写了10个词语，只有1个词语写得工整，就让我们把眼光放在他写得工整的那个词

语上，而不是纠缠于他另外写得不好的9个词，然后，鼓励他继续努力，争取下一次能写好2个词，再下一次能写好3个词……同样，面对一个冲动的容易和同学发生争执的孩子，让我们把目光放在他的优点上，比如他的直率、善良，然后激励他克制自己，也许刚开始他是每天和同学发生矛盾的，那么，处理这件事情时，让我们不再"恨铁不成钢"或者急于求成，而是在看到他两天和同学发生一次矛盾的情况下肯定他，这样一来，可能接下来就会出现让我们欣喜的三天一次、一个星期一次、到后来的半个月一次……

苏霍姆林斯基说："今天的生命活动中，当细腻的神经系统的作用一代比一代增强的时候，心理素质的培养就成了人的全面发展的主要因素之一。"联合国专家也曾断言："从现在起到21世纪中叶，没有任何一种灾难能像心理冲突一样，带给人们持久而深刻的痛苦。"为了避免学生的现在和将来遭遇这种"持久而深刻的痛苦"，就要求我们的班主任——班级的组织者、领导者和教育者，学校对学生进行思想政治教育的"排头兵"，更深刻地认识班主任工作中渗透积极心理健康教育的必要性，通过不断的学习和锤炼，具备良好的心理素质，以自己良好的心理素质、强大的人格魅力引导着学生健康、快乐、出色地成长！

当种子还没变成大树

美国迪士尼电影《虫虫总动员》中有一段让人忍俊不禁的对话，飞力为了告诉小不点"小并没有那么糟糕"，拿了一块石头和小不点有了一段这样的对话——

飞力（捡起一块石头）：假装……假装它是一个种子。

小不点：这是石头。

飞力：这是石头我知道，但是我们先假装一下它是种子好吗？你发挥一下想像力，你有没有看到那棵树？它能够长成一棵很大的大树，都是因为呀，有这么一棵小小的种子，它只需要一点点时间、一点点阳光、雨水，然后就变成大树啦！

小不点（疑惑地）：这石头，它会变成大树？

飞力：种子变成树，你得专心听，好吗？好，你现在也许觉得做不了什么，那是因为，你还不是棵大树，你必须给自己一点时间，你还是个种子。

每次看到这里，我都会微笑着想到我的学生，是的，对于还是孩子的他们来说，也是一棵棵小小的种子，可是，在阳光的照耀下，在雨水的滋润里，随着时间的流逝，他们，也一定会长成大树的。而我们要做的，只是——花时间等待、以鼓励激励、用爱心浇灌。

"加油！"

"加油！"

"耶，太棒了！"

"精神可嘉！"

46

"我们班的英雄，加油啊！"

……

球场上，如火如荼地进行的是我们学校第五届"校长杯"班际篮球赛。在今天这个争夺三、四名的比赛中，我们又碰到了初赛时赢了我们的五（2）班。尽管孩子们有些压力，可仍然鼓足干劲摩拳擦掌准备打一场"反击战"。不过，毕竟我们班只有一个受过专业训练的篮球运动员，队员的水平又参差不齐，所以，刚上场我们就落后了。等到上半场结束的时候，我们的比分是0，离二班的9分已经有些距离了。中场休息的时候，我安慰孩子们，没关系，大家都已经尽力了，只要尽力就好了。学校的林校长也跑过来给我们班的孩子打气。很快，下半场就开始了。刚上场，就出现了一个小小的意外，二班的一个主力队员一上来就把一个球投进了我们的篮板，"送"给了我们2分，这大大地鼓舞了我们班的士气，我们班的孩子们开始反攻了，在离比赛结束还剩2分钟的时候，我们以14：13领先了。场上的运动员奋力拼搏，场下的观众兴奋激动。

在比赛还剩下1分钟的时候，二班又进了一个球，我们以1分之差落后了。这个时候，我有些担忧地说了一句："哦，天啊，不会输了吧？"我们班的同学马上就反驳我了："老师，你不是说过不到最后决不言败吗？""是啊，老师，不要说丧气的话哦。""要有自信嘛。"

虽然最后我们以1分之差输掉了这场比赛，但我们班的篮球运动员们成了我们班的英雄，我们班同学在体育赛场上的出色表现也为我们班赢得了"体育道德风尚奖"。我为孩子们的表现感到感动、骄傲和欣慰。

教育不是急功近利的事，而教育的效果同样也不像公司的效益一样，你付出努力了营业额就上来了。有的时候，你会发现，尽管你尽可能深入浅出地给孩子们摆事实、讲道理，可他们仍然是一头雾水，或者他说他听明白了，可往后的行为却仍旧我行我素。这个时候，最需要我们做的，就是耐心等待了。记得刚接任这个班级的时候，孩子们经常说一些丧气的话，比如："唉，我们就是这个样子的啦！""没关系，差就差呗。"……语言是心灵的窗户，从这些话中，我明白了孩子们对自己乃至对我们整个集体不够自信，于是，有意识的，我给这些孩子们讲著名成功大师拿破仑·希尔历的故事，讲"做一个创造名牌的人"的故事，讲我身边的朋友自强不息的故事，孩子们似乎听懂了，又似乎没有听懂，不过还好的是，他们开始尝试登上我给他们设置的舞台了。而我接了了这个班级两年后的这场篮球比赛的赛场上，从孩子们在篮球赛的奋力拼搏中，从孩子们对我的"教育"中，我很欣慰地发现，我当初进行的"自信教育"、"励志教育"，也开始初见成效了。

"不到最后决不言败""做人做事要自信"，这是我两年前教给孩子们的，而两年后的今天，他们又把这句话送给了我。

两年的时间，是一个漫长的等待的过程，可是，我们也做过孩子，我们应该清楚地知道，孩子的成长是需要时间的，所以，只要能达到教育的效果，在对孩子进行教育的时候，无论是2天、2个月、2年，还是20年，我们都要有耐心等待。因为你最终会发现，你的教育是值得的，尤其是"当种子变成大树"的时候。

随着时间的流逝，《虫虫总动员》中的小不点会飞了，那么，我们，是不是也可以给还是一棵棵小小的种子的孩子们一点点时间、一点点阳光、一点点雨水，然后，期待他们成长为一棵棵大树呢？

丰富学生角色，提高管理效率

有一对同卵双胞胎，她们的外貌极其相似，而且，从小学到大学，她们都是一起生活，一起上学。但是，她们的性格却完全不同：姐姐活泼开朗，待人主动热情，交际能力强，处理问题果断，较早地具备了独立工作的能力；妹妹遇事缺乏主见，生活上、学习上遇到问题常常依赖于别人，性格内向，不善交际。

到底是什么原因造成姐妹俩性格上这样大的差异呢？

心理学家通过观察发现：主要是她们充当的"角色"不一样。姐妹俩出生后，她们的父母把先出生的称为"姐姐"，后出生的称为"妹妹"。对待姐姐和妹妹，父母的态度大不一样。尽管她们是孪生姐妹，但姐姐必须照顾妹妹，要对妹妹的行为负责，而妹妹要听姐姐的话，遇事必须同姐姐商量。就这样，姐姐扮演了妹妹的"保护人"角色；妹妹则当然充当了被保护的角色。

由此可见，充当什么样的角色，就会塑造出什么样的性格。其实，并非只是孪生子才有"角色效应"，学生在校、班、组中所充当的角色也会影响学生的性格。班级是培养学生全面发展的一个摇篮。每一个班级都是一个小型的社会。社会有不同的角色，班级也有不同的角色，如何协调班级中学生之间的关系并创建良好的班风、学风，是每个教育工作者必须正视和认真探讨的问题。班级分角色管理就是为了加强对学生学习和生活等方面的指导，提高班级管理效率而设立的管理办法。

小学高年级学生不喜欢停留在被管制的层面，渴望能有自我调控，进行主动参与、主动探索的机会，作为教育者，应该以学

49

生的需要为基础，设计适合学生、受学生喜爱的管理模式。而明确班级学生角色，增强学生的责任感、服务意识就成了班级管理工作的重中之重。在班级管理中，建立班级分角色管理模式，营造一种自我管理、自我约束的学习氛围。这样一来，既培养了学生的管理能力，调动了学生管理的积极性，又能让教师在工作中省心、省时、省力。那么，该如何"分"好班级学生的角色，优化班级管理模式，提高班级管理效率呢？在班级分角色管理的办法这个课题的提出和研究中，我采用了先定角色，再定对策的管理办法，具体操作如下：

一、丰富班级管理角色

俗话说："流水不腐，户枢不蠹"。过于单一的管理角色，既不利于学生的全面发展，长久以往也会磨失学生岗位管理的积极性。而学生的性格形成在很大程度上是受"角色"影响的。所以，利用岗位变换制度，一方面可以使学生保持新鲜感，另一方面又能让学生在不同的管理岗位上得到锻炼，从而获得不同的管理体验和管理能力。

（一）根据学生的兴趣分角色

以我其中一年任教的班级为例，班上有很大一部分同学喜欢学习，对阅读的兴趣尤为浓厚；有一部分同学喜欢体育，特别爱打篮球、羽毛球；还有一部分同学对音乐、美术很感兴趣。根据学生的这些兴趣爱好，我把学生分为学习组、体育组、文娱组和检查组，分组情况如下：

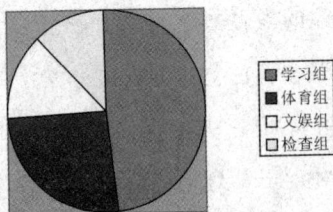

- 学习组
- 体育组
- 文娱组
- 检查组

全班共50人，其中，学习组的同学占48%，体育组的同学占26%，文娱组的同学占14%，其他组同学占12%。

（二）根据学生的性格分角色

人与人的个性差别首先表现在性格上。性格是个性心理特征中的核心部分，它是一个人稳定的态度系统和相应习惯了的行为风格的心理特征。由于各人所处的客观环境不一样，先天的素质不同，形成了各种各样类型的性格。

心理学家按心理活动的主要倾向把性格划分为：

外倾型：活泼开朗，善于交际，独立性强，不拘小节。

内倾型：沉郁文静，不善交际，处事拘谨，应变力差。

混合型：以上特点俱有，多数人属这种类型。

以下是我这个班学生的性格划分图：

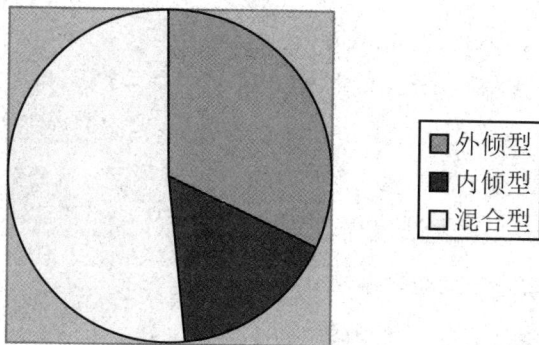

■外倾型
■内倾型
□混合型

全班共50人，其中，外倾型的学生占32%，内倾型的学生占16%，混合型的学生占52%。

（三）根据学生的成绩分角色

下图是我的这个班在2012—2013学年度第一学期期末考试的成绩分布情况：

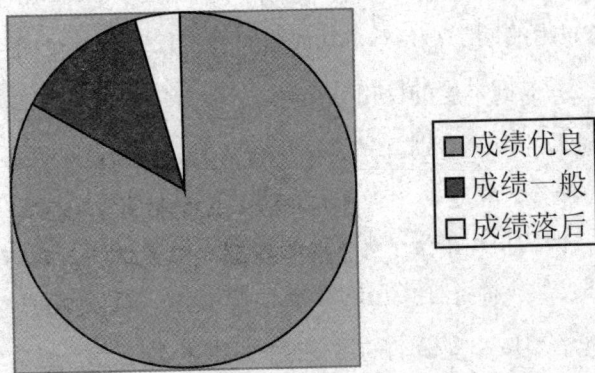

成绩优良
成绩一般
成绩落后

　　如果，把80分以上的成绩称为优良、60至79分的成绩称为一般、60分以下的成绩称为落后的话，那么，全班优良成绩的同学占84%，成绩一般的同学占12%，成绩落后的同学占4%。根据这个成绩，把成绩相近的同学分到同一小组，组长给小组命名，共同制定小组学习目标，共同商讨小组学习计划。

　　因为按分数分组相对敏感，而且每次考试的结果是不一样的，所以，按成绩分组的时候，我会尽量强调因为大家基础相当，合适一起学习、一起进步所以放在同一小组这个观点，不管是分到"笑傲江湖"组，还是"奋力拼搏"组，都要跟小组成员一起认真学习，履行学生的职责。

　　二、提高班级管理效率

　　角色定位之后，我实施了以下管理办法：

　　（一）分小组管理

　　分小组管理法主要是针对按兴趣分组的学生的，根据学生的不同兴趣，我早已为学生确定好不同的角色，比如，学习组里有领读员、小作家、小书虫……体育组里有小乔丹，小林丹，小王楠……然后根据学生组别的不同，确定不同的职责，承担不同的任务，组织不同的活动。

部门	主要职责
学习组 组长一名	1. 负责确定每天的早读领读员。 2. 整理好图书角，做好图书借阅记录。 3. 关注同学们的学习动态。 4. 确定"一帮一"互助对象和辅导方式、时间、内容。
体育组 组长一名	1. 组织并监督两操的纪律，对不认真的同学进行批评教育。 2. 做好年度校运会报名和组织工作。 3. 组织并落实大课间各团队人员。
文娱组 组长一名	1. 总体负责和策划教室内外班级文化的布置。 2. 负责"六一"、"元旦"班级文娱节目的组织。 3. 发动同学参加各级音乐、美术比赛并做好作品的收集和登记工作。
检查组 组长一名	管理和监督各部门工作开展的情况，及时做好阶段性工作汇报。

每一个学生，都了解自己的角色。每个人负责的岗位，都职责明确。检查组的同学，则负责及时检查记载执行情况。这样，就建立起人人有自己管理的岗位，人人参与班级管理的网络，让学生既发挥了自己的"所长"，也认识到了自己的"所短"，凝聚了班级的力量。

（二）分时段管理

分时段	主要职责
早读时间 组长一名	检查早读情况，把认真早读的名单和不认真早读的名单提交给组长，当天进行表扬或者批评。
课间时间 组长一名	检查课间是否存在大声喧哗、追逐打闹的现象。
午休时间 组长一名	检查同学们有没有在安静地看书或午睡。
第二课堂时间 组长一名	按照学生的兴趣、性格特征分组，然后组织各小组进行第二课堂活动。

分时段管理和分小组管理并不是完全分离的，很多时候，这两种管理方式是互相融合的，比如说早读时间，学习组的同学在带读，早段管理段的同学在维持纪律，这样互相合作，能更好地保证早读的效果。其实，不管是分小组管理，还是分时段管理，人人都是管理者，人人都是被管理者，班上形成好事有人赞、坏事有人管的良好风气，学生以主人翁的姿态投入到班集体的建设中，并在管理中发现自己的价值，充分发挥了学生的自主能动性。

（三）分阶段管理

分阶段	主要职责
平时学习 组长一名	1. 负责收发作业。 2. 负责提醒作业有错漏现象的同学及时补、改。 3. 检查背诵、默写情况。
测试复习 组长一名	1. 检查分类复习试卷的完成情况。 2. 检查"一帮一"效果。 3. 给每位同学定一个考试目标，对达到目标的同学进行表扬，对没有达到目标的同学提出要求并尽力鞭策。

我们都知道，在应试教育向素质教育转变的过程中，分数将会在学习生活中越来越淡化，但在我国完全不讲分数是很不现实的。所以，作为教育者，一方面，我们要把分数当成学生的隐私，尊重它，同时，还要引导学生，学习是一个探索的过程，在探索过程中，会有成功，也会有失败，要正视这种成功和失败，在检测结果的反思中更加牢固地掌握所学知识。

学校，是学生学习知识的地方，是学生培养能力的地方，也是学生产生快乐、不断成长的地方。对每一位教育者而言，最关键的，就是唤醒学生积极主动去探究和实践，在享受知识中发现学习、生活的乐趣。其实，班级的角色还有很多很多，如最让学生感到荣耀的岗位：班主任助理；负责报道每天班级出现的好人好事及不良现象的班级小记者等等。当然，要让学生成为真正的自我管理的主人，教师也不能由原来的"包办型"变成"放任型"。在班级管理的过程中，教师要用发展的眼光、科学的眼光来面对班级工作，丰富学生角色，满足了学生参与管理的心理需求，优化班级管理模式，在班级管理这块舞台上，才能发展学生个性、发挥学生才能，才能增强班级凝聚力，提高班级管理效率。

【参考文献】

[1] 海伦·比·发展心理学.〔M〕机械工业出版社2011.5

[2] 莫雷.教育心理学.〔M〕教育科学出版社.2007.8

[3] 张俊杰. 一生要培养的习惯与性格 .〔M〕 时事出版社.2006.4

[4] 魏书生.班主任工作漫谈.〔M〕漓江出版社.2008.4

他山之石，可以攻玉。如果把别人的智慧比喻为成长路上的一盏盏明灯的话，那么，学的越多，就照的越亮，照的越亮，可以看到的风景就越多，看的越多，眼界就越宽阔。只有自己心中有风景，才能看见人间更多的美色。张彤老师，就是一位非常有智慧的女老师，就是一盏我成长路上的明灯。

倾听智慧

——听张彤老师讲座有感

一头柔顺的长发，一张精致的面庞，一双有神的眼睛，看着她，你会觉得她像邻家姐姐——温文尔雅、亲切迷人，可正是这个宛如邻家姐姐的女子，是广东省班主任专业能力大赛第一名的获得者、广东省"五一劳动奖章"的获得者、广东省名班主任的培养对象。她，就是深圳市实验学校的张彤老师。

获得过如此傲人的成绩，她的讲座，却仅以"几个教育案例""一点心得体会""所谓经验"这么朴实的几点给概括了。但正如很多简单的东西却越是耐人寻味一样，细细品下来，张老师的案例，张老师的体会，张老师的经验，既体现了一个班主任处理问题的艺术，也体现了一个班主任很高的职业素养，更体现了一个班主任看似无痕却有迹的智慧和人格魅力。

一、她列举的案例，无不体现了一个班主任的智慧

无论是那个留着长长的头发的叛逆少年，还是那些在草地上抽烟却刚好碰到班主任的"坏小子"，或者是那个打了四个耳洞来上学的"美少女"，遇到张彤老师，都乖乖地剪了发、戒了烟、摘下了无比耀眼的耳环。而这些案例，都体现了张彤老师"不一定按牌理出牌"的智慧。

在张彤老师的讲述中，还有一个这样的案例：

班上有两名学生走得比较近，貌似"早恋"。于是，张彤老师在学生的周记本上工工整整地抄了一首汪国真的诗歌——《无题》：他和她/只是走在一起/便成了一道作文题/同学先做/老师后做/家长最后做/世上多了三篇文章/人间少了一份美丽。

隔天放学后，张彤老师开心地收到了女生送来的一束花。

没有严肃的训话，张彤老师却用自己的智慧巧妙地化解了问题。

二、她谈到的体会，无不透露出一个班主任的专业

苏霍姆林斯基曾说："一个好老师意味着什么？首先意味着他是这样一个人，他热爱孩子，感到和孩子在一起交往是一种乐趣，相信每个孩子都能成为好人，善于跟他们交朋友，关心孩子们的快乐和悲伤，了解孩子的心灵。"

在我们的印象中，传统的好老师总是以保姆般的形象出现的——呕心沥血、无微不至。而张彤老师却说，"爱学生是最基本的，但现在的好老师更需要的是'教育智慧'，要有宽容而真诚的心，多站在学生的角度去想他们的做法，不要冲上来一棍子就打死了。"

是的，分数重要，情商更重要，作为老师，除了教孩子们知识，还要教会学生忍耐、宽容、快乐，要善于和学生交朋友，要了解学生的心灵，要为学生的长远发展考虑。

做班主任的，都碰到过打架的孩子，张彤老师处理打架事件却有自己的看法。她说，如果无理的那个孩子在打架中占了上风，她会马上出面制止，但如果是那个有理却只是错误地使用了打架方式来解决问题的孩子占了上风，她会组织大家继续观看。因为教训，也可以使一个人长大，而为守护尊严而战，也未

尝不可。

十年树木，百年树人。为孩子的长远发展着想，为孩子能真正"成人"着想，张彤老师的专业，就从她的教育理念中体现了。

三、她积累的经验，无不显示出一个班主任的善良

有人说，做老师干的是良心活，可良心，能用什么来衡量呢？可能，只有学生清楚、家长清楚、老师自己清楚了。在张彤老师介绍的经验中，如班主任应主动和家长多联系，多报喜少报忧；班主任要坚持读书，培养给学生"话疗""理疗"的能力；班主任要重视班会，不放弃这个德育的最佳阵地等等。这些，都看出了一个为人师的女子的善良。就像张彤老师自己说的："宽容是教育者应有的气度，善良是教育者必有的品格"。张彤老师，她是宽容的，是善良的。学生遇到她，是幸运的。

作为一名普通的班主任，倾听智慧，让我更深刻地感受到，眼前的张彤老师，她是个伶俐的、聪明的女子，更是个谦卑的、智慧的老师。我相信，这样一位出色的女子，这样一个优秀的老师，会给她的学生，带来更多的幸福；会给她自己，带来更多的快乐；也会给许许多多如我一样喜欢、欣赏、敬佩她的同行、听众，带来更多的惊喜！

天堂有路学为径，教海无涯乐作舟

2013年10月，乍寒还暖的季节，我们来到了被誉为人间天堂的苏州城，在文化底蕴深厚的苏州大学，开始了短暂而漫长的研修成长之旅。

说它短暂，是因为苏州文化是华夏文化中的一朵奇葩，她漫长的历史积淀下来的文化源远流长、博大精深，别说是7天，就算是7周、7个月，也无法领略它文化上的丰厚。

说它漫长，是因为这7天来学到的东西，需要我们花上1个月、1年甚至更长的时间来咀嚼、消化、吸收，直至化为己有。

下面，我就结合自己的所见所闻谈谈自己的所感所悟。

一、学习"姚虎雄"式理论，想学生之所想

10月29日下午，苏州吴江实验小学的姚虎雄校长为我们作了一场题为《基于儿童立场的教育思考与实践》的讲座。姚校长的讲座，围绕"儿童立场的基本准则是理解、宽容、保护、引领""儿童立场的实施流程是从儿童出发——围绕儿童展开——帮助儿童主动发展""基于儿童立场的教育需要经营"这三个话题展开。姚校长告诉我们，一直以来，学校教育站在成人的立场，以成人惯有的思维，把成人的需求当作儿童的需求，最终却以牺牲儿童为代价，实现预定的教育意愿和目标，但这是教育立场的错位。真正的教育立场应该是儿童立场，儿童立场需要学校教育对儿童的本质有深刻的认识和精准的把握。比如"六一"儿童节，很多学校把它过成了接受上级检查的节日，迎接领导慰问的节日，有的学校，甚至让孩子们在烈日下迎接所谓的嘉宾，让孩子们大汗淋漓地为嘉宾们表演节目。本该属于儿童自己的节

日，却让儿童过得异常的辛苦和难受。而基于儿童立场的教育基于对儿童的理解：让孩子过属于自己的节日。这就需要我们认真反思：节日里，孩子们快乐吗？不快乐的节日，就是虚伪的节日。倘若站在儿童的立场，你就可以理解，为什么孩子们喜欢的节日是胡子节、水枪节、泥巴节、玩具节、服装节、烧烤节……要让孩子们过属于自己的节日，大人们必须要保持一颗童心，要学会和儿童平等对话。当儿童立场无处不在地渗透于课程、教师、管理这一教育的铁三角内时，才能形成真正意义上的基于儿童课程、亲近儿童的教师和研究儿童的管理，学校教育才会走向丰满，走向优秀。

听了姚校长的讲座，我感触颇深。多好的学校啊，把每一幅画每一条提示语都装订到孩子们可以平视或者俯视的高度，便于孩子们观赏、阅读；把每一个可以玩耍的所谓"危险地带"保留了下来，为的是让孩子们有属于自己游乐的场所，而不是提供"伪安全"的校园；就连那几条横幅"我梦想，有一天和王亚平姐姐一起遨游太空；我梦想，能经常和同学一起探秘生活；我梦想，能经常和老师一起游戏校园；我梦想，能经常和爸妈一起漫步太湖"都是站在孩子们的角度为孩子们写的……多好的校长啊，既能蹲下来和孩子们对话，又能坐下来等待孩子们成长，还能站起来为孩子们的利益呼喊。

二、坚持"陈国安"式阅读，解学生之所需

《教师阅读与专业成长》是10月28日下午陈国安教授为我们作的讲座题目。陈老师从"转型期教师阅读的危机""转型期教师阅读的误区""教师阅读与精神成长"三点阐释了教师阅读与专业成长的关系。他指出，读书是教师的"宿命"。作为一名教师，就应该终生与书相伴，让书籍的营养浸润生命，让生命丰润起来，丰善起来，同时，也将学生引领到具有民族精神的文化

中来，教会学生从小树立富有民族精神的人生观、世界观和价值观，成长为有民族底蕴的中国人。

陈老师在课上给大家讲了个小故事，有个当红的明星听了《满江红》，马上问唱片主管："我很喜欢《满江红》这首歌的歌词，是谁写的？""岳飞！"主管一说完，这个明星很兴奋地接道："那我可不可以请岳飞帮我写歌？"竟然要邀请岳飞写歌词，实在让人人跌眼镜。

大家听完了故事都笑了。但笑后就是沉思。是的，这是事实，容不得我们忽视，而且，现实中，这样的人还被我们的青少年顶礼膜拜。这，多多少少有没有教师的责任在里头呢？当然，当老师却不可以当这样的老师，因为，一个不读书的老师是无法成长的老师，一个不读书的老师不配称为老师。高尔基曾动情地说过，热爱读书吧！朋友！我们常说，当老师的要有一桶水才能给学生一瓢水。但有些老师却背着一桶长期不更新的臭水，强迫信息时代每天接受新信息的孩子们去接收老师桶里的水，这是多么残忍的事啊。所以，这水还应该是源头活水，所以，做教师的要有终身学习的意识。而其中最根本的捷径就是阅读。当然，读书是个漫长的过程，只要能够坚持，我相信，终有一天，我们可以胸有成竹地对学生说："我的水缸已经装满了，尽管拿去用吧！"

三、追求"卢志文"式实践，急学生之所急

翔宇教育集团的校长带来的《课变：向着明亮那方》更是让我茅塞顿开，他提出的"学习性质量——为学生终身学习奠基；发展性质量——为学生终身发展奠基；生命性质量——为学生终身幸福奠基"告诉了我们，只有为了学生的终生幸福的教育，才是真正的教育。而他所推行的教学模式"教师编制学案——学生课前自学——课上目标重温——组内互查互助——分工群学探

究——小组课堂展示——精短检测反馈——小结点拨升华——课后学习指导"更是为我们的课堂改革指明了一条光明大道。

从事教育事业的人都知道，课堂是根，立根课堂是学校发展根本。但因为应试本位的教学观、知识本位的课堂观和分数本位的评价观这三座大山重重地压在了老师的身上、学校的身上。所以，为了取得高分，为了获得荣誉，带来了课堂上的满堂灌、作业的泛滥、考试的频繁和管理的死板。于是，学生哭、教师累、家长急、校长冤，形成了今天教育普遍的状况。而真正的学校教育，不管是课堂课外，我们的出发点和落脚点都应该是学生，而这样形式多样、内容丰富的教学模式，既解决了教学实践中存在的"教学围绕应试，课堂围绕知识，评价围绕分数"这一诟病，又把学生从沉重的学业负担、过重的心理负担和乏味的校园生活中解放了出来，还促进了教师专业水平的提升。卢校长的发言，能很好地引导我们反思自己，关注学生的学习型质量、发展性质量、生命性质量，为学生的终身学习、终身发展、终身幸福奠基。是啊，教育不是一件急功近利的事情，不为领导检查而做秀，不为应付检查而做秀，而是需要我们急儿童之所急，从学生的角度出发，为学生的成长考虑，然后，沉下心来在讲坛静静地耕耘。

当然，除了以上几位教坛大师们的精彩，我还领略了夏骏教授、陈院长的幽默；管建刚老师、母小勇教授的睿智；张学清老师的婉约……在整个学习的过程中，我觉得，苏州像一位温文尔雅的江南女子，凝视着我们学习、思考、成长，然后，颔首微笑，而我，像是那个贪心的孩子，贪婪地索要着一颗又一颗被称为知识和智慧的糖果，然后，把它含在口中，融在心里。

学科教学篇

　　吕淑湘先生曾经说过这样一句话："语文教学既是一门科学，也是一门艺术。"飞刀老师觉得，语文教学是科学，是艺术，更是生活。开口说话是语文，静心阅读是语文，挥毫落纸是语文。一个语文教师，首先应该热爱语文教学，其次，应该享受语文教学。所以，她向往的语文课堂，是情感的课堂，感悟的课堂，享受的课堂，积淀的课堂。她向往的语文教学，是师生共享生活百味的一段旅程，是师生相互成全、成长的大舞台。

听，雪花歌唱的声音

——初探童诗创作

曾有人说：儿童是天生的诗人。对此，我深有感触。是啊，生活，对孩子们来说，是神秘而丰富的，是多彩而缤纷的，是美丽而生动的。他们好奇，所以他们睁大眼睛，他们疑惑，所以四处张望；他们探索，所以他们积极行动。

我喜欢让孩子们欣赏诗歌，创作诗歌，朗诵诗歌，希望可以奏响童诗的琴弦，让童心飞扬，让童真沸腾，让童趣渗透到我们生活的点点滴滴……

一、欣赏诗歌

童诗的创作，是从模仿开始的。虽然"模仿不是出路"，可对于小学生来说，欣赏别人的作品，并从别人的作品中"吮吸营养"，从而转化为自己的东西，却是至关重要的。所以，我的做法是，要让学生写诗，首先是让他们认识诗歌，熟悉诗歌，欣赏诗歌。上学期，我和我的学生们一起学习了课本中的《和我们一起享受春天》这首诗歌，这个学期，我们班的孩子又学了李小雨的《最后一分钟》，对诗歌有了的初步的认识。趁着这个时候，我罗列了一些自己在网上搜索来的诗歌，然后把它们打在了屏幕上，配上音乐，让学生欣赏，如：

《乖楼梯》：我牵着弟弟/到百货公司买东西/弟弟第一次上电扶梯/他悄悄的跟我说/这里的楼梯好乖喔/肯自己走路/不像我们家里的/动都不动，太懒了！

《老师的话》：考试不要当长颈鹿/上课不要当麻雀/放学不要当野狗/回家不要当懒猪/哎！老师的话一箩筐。

《着急的锅子》：吃午饭的时候到了/菜却还没有煮好/弟弟等得好急了/妹妹等得好急了/小猫等得好急了/只有妈妈最辛苦了/还不停的忙着/急得脸上都是汗/我赶快来帮忙/打开锅子一看/呀/锅子也急坏了/也满头大汗呢！

《微风》：微风有如母亲的手/柔柔的抚摸着我的脸庞/微风有如母亲的声音/细细的在我身旁叮咛/使我永远沐浴在慈母的/爱心下。

……

在这些同龄人的优秀作品中，孩子们受到了感染，也喜欢上了这些简单而又明朗，浅白而又简练的诗歌，并产生了跃跃欲试的创作冲动。

二、创作诗歌

得到了熏陶，有了创作的冲动，下面要做的，就是真正开始动手，成为小诗人了。学生们都有相同的感受：想写，很想写，可真正动笔时，却发现不知该如何写了。这时候，教师适时的适当的指导可以使那"一触即发"的灵感"生根发芽"，并且"开花结果"。

（一）把小事写成诗

把小事写成诗，是我经常指导学生写诗的方法。生活是创作的源泉，生活中的点点滴滴，都能变成诗，课堂上、操场上、校道上、公路边、超市里，花、草、树、木，只要你留心，处处都是诗，诗歌也是以最朴实无华的生活作基础的。引导学生找到感动过自己的，或者引起过自己思考的内容，然后再以诗的形式表现出来。我班上的小昕同学就根据自己每天上学时观察到的情景写了一首《等一等》：

小朋友，起得早，

背上书包，上学校，

看见车来等一等，

等车过了往前跑。

哥哥，姐姐，起得早，

骑着车儿上学校，

车子多了，等一等，

千万不要抢车道。

爸爸，妈妈，起得早，

开着汽车往城跑，

前方有人，等一等，

安全第一最重要。

等一等，时间少，

交通规则要记牢，

等一等，有礼貌，

你好，我好，大家好。

本来只是大家各自去上课、上班的生活小事，可在孩子的心里，口里，手里，就变成了一首诗。其他孩子看见了这首诗，也深受启发，原来，生活就是诗，小事也是诗。于是，洋溢着生活气息的小诗就纷纷涌现了。

（二）把景物融进诗

写景，向来是孩子们最头痛的，如果你让他写身边的景色，他笔下的，要么是公园一角，要么是校园一角，那一棵棵树在孩子的笔下活了一千年，那一朵朵花在孩子的嘴里说了一千遍，于是，笔头是生涩的，文章是枯燥的。要是你让孩子们写参观过的景点吧，他笔下的景点，要么就变成了东海龙王住的龙宫，要么变成了仙女们住的仙境，夸张，却不真实。对语文教师来说，改学生的习作本来是种享受的，可是，在看着这些千篇一律的文章时，也会觉得很痛苦。因为这些文章，都可以倒背如流了。可是，你能怪孩子们的作文离题吗？不能。你能说孩子们言之无物吗？不能。

后来，我让孩子们把景物写成诗，把500字的要求改成50字，甚至没有了字数要求，再把孩子们写下的诗歌略作指导，那一节节优美的短诗，就从孩子们的手中"蹦"出来了。看看《雪花》：

看见了，我终于看见了，

看见了雪花，

它曾在我的梦中飘过千万遍。

今天，今天我来到了，

来到了北国，

亲自感受她落在我肩上时的温柔。

那白白的身影，

那轻轻的脚步，

今夜，一定会在梦里出现吧？

嘿，还有，

听！

那雪花歌唱的声音。

后来，我还尝试过，如果还是得让孩子们写500字的写景的文章，就可以让孩子们先写诗，再把诗歌拿来扩写，形式不同，效果也就不同了。

（三）把童话改成诗

写童话，一直是小学生爱好并且比较擅长的，其实，童话故事也可以用诗歌来表达，我班上的小宇就非常喜欢和拿手，你看，他的这篇《苍蝇找朋友》写得多棒：

苍蝇找朋友，

苍蝇梳梳头，

出门找朋友，

ying，ying，ying，

我是勤劳的小蜜蜂，

谁愿和我做朋友？

蝴蝶飞过来，

对着苍蝇吼，

蜜蜂翅膀长又香，

你的翅膀短又丑，

一定是个大骗子。

苍蝇吓一跳，翻了大跟斗。

苍蝇洗洗脸，

出门找朋友，

ying，ying，ying，

我是勤劳的小蜜蜂，

谁愿和我做朋友？

壁虎爬过来，

对着苍蝇赞，

您的身子白又嫩，

蜜蜂长得比您丑，

我愿和你做朋友。

苍蝇到处飞，乐得直搓手。

壁虎一跳一扑，

咬住苍蝇头，

你这害人的刽子手，

看你还想往哪里走？

苍蝇进了壁虎口，

蝴蝶看了直拍手。

要想使童话变童诗，首先，要指导学生展开想象的翅膀创设好童话内容，然后把童话内容缩短，缩短，再缩短，最后，用最最精炼的语言表达出来，就行了。

当然，诗歌的创作途径还有很多，最主要的，是要提醒我们的学生，留意生活的小事小物，就会发现，"小事不小""小物不小"，有时候，小事小物还可以诞生奇妙、动人的小诗呢。

三、朗诵诗歌

朗诵诗歌，主要是为了更进一步地让学生了解诗歌，体会诗歌里所表达的感情。朗诵的方式多种多样，可以是单独朗诵，可以是小组朗诵，也可以是集体朗诵。而这里想要提的，是让孩子们朗诵自己写的诗歌，让孩子们体验成功的感觉：哇，原来我也可以写诗，我是小诗人了！通过这种朗诵的形式，加深诗歌对孩子们的影响，让孩子们更加喜欢这种用小诗来表达自己感情的方式。

其实，引导孩子们创作诗歌，不必刻意灌输太多的写作技巧，最主要的，是及时捕捉孩子们心中的琴弦，然后，花一点点力气，奏响它，就行了。

小学作文评价之我见

曾经听过一个这样的笑话，一个学生回家后向父母报喜，说："爸爸、妈妈，老师夸我的作文有进步了！"父母闻之大喜，问孩子，老师怎么说的？孩子说："上次老师在我的作文下面写的评语是'狗屁不通'，这次在我的作文下面写的评语是'放狗屁'，原来不通的狗屁现在终于通了，不是我的作文有进步了吗？"

当然，这只是个笑话，但这个笑话留给我们印象深刻的，除了孩子对语言的看似合理实际却歪曲的理解，还有教师对孩子的不"人文"的评价。印象中的作文评价，都是老师采用百分制或等级制，根据老师自己的看法圈圈划划点点，然后加上类似"中心明确""内容具体""条理清楚"或者"没有中心""详略不当""语句不通"这样几句论断式的评语。而《语文课程标准》中关于"写作"的评价建议是："应重视对写作的过程与方法、情感与态度的评价""重视对写作材料准备过程的评价""重视对作文修改的评价""采用多种评价方式"。那么，在新课改理念的指导下，我们该怎么来评价学生的作文呢？下面，我就根据我这些年的做法简单地谈一谈。

一、在作文评价中渗透人文关怀

学生的作文，是学生心灵的镜子，它能照射出学生的所见所闻所思所想。作文教学，是语文教学的重要组成部分。作文评价，关系到学生的主动学习，甚至关系到学生的终生发展。所以，作文评价要注重人文关怀。我曾经教过一个叫小曼的学生，她是一个单亲家庭的孩子，爸爸妈妈离婚后她跟随妈妈生活，她的作文里，倾诉了不少思念爸爸的感受和对大人离婚的不理解，虽然这些题为《爸爸，您知道我的心事吗》《我的妈妈》《为什么》的一篇篇作文写得情真意切，但要写评语时还真是要下一番功夫，如果是写上语句通顺，条理清楚，内容具体这些不痒不痛的话，学生可能既没有得到鼓励，也没有得到指导，所以，碰上这种作文，我采用的是"人文性的评价"，我一般都是直接在作文的后面给她写上一段话："小曼，从你的作文中，老师知道你是个懂事的好孩子，大人们的做法你现在也许还不能了解，但他们一定有他们的理由，你需要清楚知道的是：爸爸妈妈都是爱你的，这就够了。"或者是："小曼，你越来越坚强了，而且还懂得为妈妈着想了，老师真为你感到骄傲。"等等。

有一次作文课，我给学生出了一道半命题作文，题目是：看到这鲜红的分数，我_____。有不少孩子写的是：看到这鲜红的分数，我笑了；也有一部分孩子写的是：看到这鲜红的分数，我落泪了。同样，对于这些作文，我很少提到你的作文写得如何如何，今后要怎样怎样做的话，而是采用"小曼"般的谈心式的评语。渐渐的，我发现，学生交上来的作文，越来越真了。

二、在作文评价中培养合作意识

我们都知道，进行多层次、多元化的评价，是课改的要求，更是学生的需要。在作文评价中，除了教师评价，学生、家长等多方参与，让社会力量也来参与学生的作文评价，对学生来说，既提高了写作水平，又学会了合作。比如，可以让同学之间互相修改作文，然后互写作文评语，借鉴别人的长处，体会做小老师的感觉；让家长了解孩子是否在作文中说真话、抒真情，有什么思想动向，需要协助什么。而且，还可以通过大家的公开评价、评选，挑出写的好的作文或者挑出前后对比进步大的作文在"作文园地""小作家专栏"里进行展示，这样一来，学生不仅有了更加浓厚的写作兴趣，还可以在和同学、和老师、和父母合作评价作文的过程中增强了合作意识，增进了感情。

三、在作文评价中养成良好习惯

平时修改作文，我会用多种眼光去看学生的作文。有的学生语言流畅，但文章写的像记流水帐，那么我就表扬他语言组织能力强，鼓励他学会筛选材料；有的学生语言表达能力不强，写的作文句子不够通顺，但如果他的作文构思很巧妙，那么我就夸奖他作文独特而有个性，期待他能在平时多读书多积累。这样一来，多了几把衡量的尺子，学生能接受老师的评价，在老师的评价中知道自己的长处，也知道自己做得不够的地方，还明白了，写作文如做人，每一篇作文，都有它的长处，也有它的缺陷，正如每一个人，都有他闪光的地方，也有他的弱点，从作文的评价中学会扬长避短，懂得"物有所长，必有所短"的道理，养成了看人、做事从多个角度去看、去想的好习惯。

四、在作文评价中激发学生斗志

作文评价要关注学生发展。碰到实在不会写作的学生，可以实行暂不打分的方法，只要他一有进步就给合格，甚至高分，对自己作文分不满意的学生可以重新修改后让老师重新打分，特别优秀的孩子除了给A，还可以在作文本上画上大拇指，或者写上一些鼓励性的评语"读你的文章真是一种享受！""瞧你，把自己的家乡写得多美啊，老师现在就想去看看了！"……还可以寻找机会让学生参加各级作文大赛，或者到各级报刊杂志投稿，给学生提供更多展示的舞台。

每次作文评改后，我都会给学生出示《特区教育》《红树林》《宝安日报》等这些杂志报刊的邮箱，让学生自由投稿，并把那些发表了的作品放在教室里粘贴在墙上给大家观赏，或者让孩子们做成作文集，在开家长会或者家长开放日的时候进行表扬和展示。仅仅2005年至2006年的年底，我们班的学生就在《特区教育》《红树林》《宝安日报》等报刊杂志上发表了十几篇作文，同时有6个学生的作文获得了国家级的奖励，其中的一个学生还得到了《淘气包马小跳》的作者，著名作家杨红樱女士的欣赏和鼓励，并和她有了书信来往。而2006年的科技节，我们班代表学校参赛的的8篇科技论文中就有5篇获了奖，其中两篇还是一等奖的第一名和第二名，代表区到市参加了比赛。

当然，对学生的多元作文评价，目的并不是选拔写作高手，而是促进全体学生的发展。课改不是一天两天的事，语文课改中对作文的评价有着很多发展创新的空间。在作文评价中促进学生的潜能，让学生得到个性化、创造性的发展，是我们的责任，也是我们期待的结果。

曾有人说，每一种评价，都是一粒种子，都会开花结果，长成以后是稻谷还是稗草，就看你播下的是什么了！"待到山花烂漫时，她在丛中笑"，让我们期待着，等到我们语文课改成果"山花烂漫"时，我们的学生，我们这些与课改同行、在行动中反思、在研究中提高、在课改中成长的一线教师，在花丛中笑逐颜开。

遨游诗歌王国，打开经典大门

诗歌是我国文化宝库中的一颗璀璨的明珠。古今的多少诗人，用他们的生花妙笔写下了无数优美的诗篇。这些诗篇，经过时间的洗涤，已经成为不朽的经典，叩击着一代又一代人的心灵，给人们以艺术的享受和熏陶。

对于小学生来说，诗歌并不陌生，但怎样才能更好地轻叩诗歌大门，了解诗歌的魅力，欣赏诗歌的美丽呢？

一、追寻，了解诗歌的历史

何为诗歌？追溯诗歌的起源，诗歌是最古老也是最具有特质的文学样式，来源于古代人们的劳动号子和民歌。开始时诗和歌不分，诗和音乐、舞蹈结合在一起，统称为诗歌。我国最早的诗歌总集是《诗经》，至今已经有两千多年的历史了。中国古代诗歌浩如烟海，从《诗经》到清代的诗歌，数量之多，题材之广，令人叹为观止。按音律来分，可以分为古体诗和近体诗两类；按内容来为，可以分为叙事诗、抒情诗、送别诗、边塞诗、山水田园诗、怀古诗等等。

了解我国是一个诗歌的国度，了解我国的诗歌有着悠久的历史和丰富的遗产，可以为走近诗歌、学习诗歌打下良好的情感基础。

二、鉴赏，领悟诗歌的含义

想象和联想是诗人创作诗歌的重要手段。所以，引导小学生鉴赏诗歌，就要引领学生理解诗人的想象和联想。这些想象和联想能对深入理解诗歌的含义有着很大的作用。如王安石的《泊船瓜洲》：京口瓜洲一水间，钟山只隔数重山。春风又绿江南岸，明月何时照我还？理解这首诗歌的时候，我们如果能引导学生展开想象，眼前就能浮现出这样一幅画面：诗人把船停泊在了瓜洲，感叹着——从京口到瓜洲仅是一江之隔，离南京紫金山也只隔几座山。温暖的春风又吹绿了大江南岸，明月啊，什么时候才能照着我回到家乡呢？

体会诗歌的含义，还可以引导学生关注诗歌的题目，比如说王维的《送元二使安西》，李白的《赠汪伦》，高适的《别董大》，这些诗歌的题目就直白地告诉我们，这是一首送别友人的诗歌，读完题目之后再对诗歌的内容进行分析，我们就可以清楚地了解，这些诗歌表达的是诗人对友人真挚的惜别之情。

领悟诗歌的含义，还可以深入地了解诗歌的创作背景。葛兆光在《汉字的魔方：中国古典诗歌语言学札记》中提到："本来，人置身的这个世界无所谓边缘与中心、背景与对象的区别，世界对于人的眼睛实际上是'无限大'的，可是，人的视觉却是以自我为中心，以注意点为对象，以对象周边为背景的，因而它的范围又不是'无限大'的。""人依照自己所处的角度和意欲的视界来摄取'对象'，并以对象的焦距来确定'背景'，因为只有这样才能确立对象的位置，从他的立场去摄取、去制作、去评价背景，因为只有这样才能估价诗歌的意义。"诗歌是作者思想感情的反映，它离不开诗人的生平经历和性格特点，更离不开写诗时具体环境和事件的刺激。比如陆游的《示儿》：死去原知万事空，但悲不见九州同。王师北定中原日，家祭无忘告乃翁。要理解这首诗歌，就要对陆游早年曾参加王彦领导的八字军，深入金国占领区，力图收复失地，后来失败的经历有所了解，这样的话，学生就能明白陆游一生的愿望就是收复北方山河了。

三、品读，体会诗人的情感

诗歌作为高度集中地反映社会生活的一种文学体裁，它饱含着作者的思想感情，十分艺术地反映生活、再现生活。它字句简洁、短小精悍、韵律优美，读起来琅琅上口，很容易受到学生的欢迎。要正确学习、理解、鉴赏诗歌，离不开主体情感的参与。因此，加强小学生对诗歌的品读训练，从品读中体会诗人的情感，对小学生在今后的学习成长过程中形成良好的审美情趣和文化素养起到举足轻重的作用。诚然，古诗所描绘的景物事件，时代背景等与现在学生生活的年代有一定的距离，学生不容易很好地把握诗人的感情。而学习诗歌首先要进入诗人的内心世界，再结合自己的个性的情感体验，品味诗歌。如王安石的《书湖阴先生壁》，这首诗是王安石在推行新法受到挫折，辞去宰相职务，回到金陵家中闲居时所作。深情并茂的朗读再加上入情入景的联想，就可以深切地理解到这首诗歌反映了诗人在辞去一切杂务退隐后希望淡泊宁静却又带有那么一点不甘的感情。

扮演角色朗读，师生配合诵读，联系本土资源再进行诵读等等这些方式，都可以再现诗歌意境，帮助学生体会诗人的情感。

四、激趣，拾起失落的童诗

诗歌语言简洁精炼，真正的意义在于可以让人们发挥丰富的想象，通过富含意义的意象去了解诗歌的真正意义，去了解诗人的心境。我们不应以某一固定的模式去学习诗歌，束缚了学生的想象力，可以引导学生以多元的目光和丰富的情感去体验诗歌，激起学生对诗歌的兴趣，从而产生喜欢诗歌、亲近诗歌的情感。

诗歌的形式是美的，诗歌的内容是美的，诗歌的情感更是美的，它蕴涵的情感和意境之美常常叩击着我们的心灵。在一系列的"与诗同行"的语文实践活动中，学生走近了诗歌，从欣赏、积累到创作，不少孩子对诗歌产生了浓厚的兴趣，也创作了不少童诗。你看，我们班的晓昕和怔潼就拿出了这样的童诗：

糖 果

秋天到了，

地上的落叶像一颗颗彩色的糖果，

饱满、香甜……

我的鞋子像牙齿，

踩在地上，

咔嚓咔嚓～～

船

船啊，船，

你是一个巨大的熨斗，

你想把大海烫平。

瞧——

烫过的地方，

都留下了皱痕。

　　"掬水月在手，弄花香满衣"。随着"经典阅读进课堂"活动的不断深入，在经典文化的熏陶下，无论是学生，还是教师，心灵都浸染着浓郁的书香，灵魂都沉浮于字里行间。遨游诗歌王国，了解诗歌的历史和发展，感悟诗歌的风格和情感，为我们打开了一扇经典的大门，在我们面前展现了一个美丽的诗歌的世界。

参考文献：

　　葛兆光 《汉字的魔方：中国古典诗歌语言学札记》 复旦大学出版社

　　《语文知识与能力训练》六年级上册　海天出版社

　　《语文教师教学用书》六年级上册　　人民教育出版社

浅谈"朗读"在语文教学中的作用

古人云：读书百遍，其义自见。如今的语文教学，也越来越重视"读"所起的作用。在进行语文教学的过程中，指导学生从读中认识，从读中理解，从读中体会，从读中品味成为广大语文教师有效的教学手段之一。下面，我就根据自己的实践经验，浅谈"朗读"在小学语文高年级教学中所起的几点作用。

一、从读中明了作者的写作意图

如果能通过朗读，体会作者的思想感情，与作者的思想达成共鸣，明了作者的写作意图，那么，也就等于把这篇文章"吃"下去"消化"好了。

例如，在学习肖复兴的《向往奥运》这一篇文章时，我就指导学生反复地朗读课文，特别是朗读课文中的一些含义深刻的句子，像"一个国家，一座城市，能够举办一次奥运会，该是一件多么了不起的事情。""竞技体育是面对世界所存在的种种强权、种族歧视和金钱掩盖下的不公平的一种抗争，一种理想。""体育所迸发的奥林匹克精神，确实在超越着不同的国家，不同的民族，不同的肤色而连接着世界的和平、友谊、进步和发展。"从文章的反复朗读品味中，让学生了解竞技体育寄托的人们对现实世界不公平的反抗和人们实现真正平等的理想，体会作者对采访自己国家举办的奥运会的强烈渴望和向往，感受作者对中国申奥成功的自豪感和无比兴奋的心情，明了作者的写作意图是让读者一起感悟我国申奥成功的重大意义。

二、从读中领会文章的真正含义

有些文章，如果没有经过反复朗读，深入体会，是不能确切领会它的真正含义的，如《卖火柴的小女孩》。大略地看，我们只能知道有一个卖火柴的可怜的小女孩在大年夜被冻死了，她死前有过许多美丽的幻想。可如果有细细地去读，去想，我们就可以从凄美的词句中，品味到文章中蕴含着的作者对穷苦人民的深刻同情、对贫富悬殊社会的强烈不满。又如《小抄写员》。通过朗读体会，我们可以领会到文章的真正的含义在于赞颂勇于承担家庭责任的美德。

三、从读中受到深刻的思想教育

学习《我的战友邱少云》这篇文章时，我就指导学生多次朗读描写"我"的内心活动和邱少云在烈火烧身时的表现的段落。通过朗读"我的心绷得紧紧的……我担心……我不敢朝他那儿看……我忍不住不看……我的心像刀绞一般……""为了……为了……为了……邱少云像千斤巨石一般……一动也不动……直到最后一息……"这些语句，感受邱少云在烈火中英勇献身的光辉形象和自觉遵守纪律的崇高精神，并从中受到教育，把邱少云的崇高精神与自己的行为活动联系起来，把这种精神带到日常的学习生活中去。

四、从读中感受中国文字的优美

众所周知中国悠久的历史和灿烂的文化，而中国文字的丰富、精辟和优美也是无与伦比的。小学课本中巴金的《鸟的天堂》、老舍的《草原》、陈淼的《桂林山水》、朱自清的《匆匆》等许多文章，那朴实的语言、生动的笔调、真挚的情感、巧妙的构思、清晰的层次，值得我们一再斟酌、品味。如果能在教学时引导学生去感受中国文字的优美，既可以让学生获得学习语文的乐趣，又可以提高学生学习语文的兴趣。

总而言之，"读"是理解课文内容、体会课文思想感情的主要方法之一。"读"在语文教学中起着非常重要的作用。所以，作为语文教师的我们要注意激发学生"读语文"的兴趣，调动学生"读语文"的积极性，组织好学生"读语文"的学习活动，让学生真正的"读"懂基础知识，"读"出语文水平。

学科教学篇

让海量阅读为孩子的人生涂上美丽的底色

李希贵校长在《语文老师心中的痛，阅读比上课管用》中，提到他在高密四中的时候，有两个班没有语文老师，所以在四个月的时间里，学校只好让其他班的语文老师来代课，但代课也没法代，于是学生只好制定自学计划自修语文课程，实在感到枯燥时，就到阅览室里去读书，或把图书馆的书借到教室让学生阅读。一个学期下来，从学校到语文学科的老师都在担心这两个班的成绩。可是期末考试成绩却让大家很尴尬：这两个班的语文基础知识并不比平行班低，相反阅读题和写作题的成绩比平行班的成绩还略好一点。

这件事情不仅让高密四中的老师捏了一把汗，也让所有的语文老师都捏一把汗：原来，我们以为的有效课堂，高效课堂，还不如学生自己阅读有效。

而多年从事的小学语文教学工作也让我发现，学生越是能静下心来阅读，阅读的量越大，那么，成绩也就会越出色，最主要的，是这个学生的"后劲"很足，往往几年后的中考、高年都能取得不错的成绩。

那么，该怎样让小学阶段的孩子喜欢阅读呢？阅读什么呢？

一、读绘本、读漫画，品味阅读带来的快乐

有人一看到绘本、漫画，就会想当然地认为这只是消遣读物，其实不然，经典的绘本和漫画不仅可以让孩子感受到图片的精美，更可以领略到内容的精彩。让孩子爱上阅读的最好办法就是让孩子感受到阅读的快乐，所以，引导孩子阅读绘本，阅读漫画，从《猜猜我有多爱你》《爱心树》中感受亲情的温馨和无

私；从《我是霸王龙》中感受善良的可贵；从《大熊抱抱》中感受爱和温暖；从《父与子》中感受纯真的赤子之情、融融的天伦之乐；从《丰子恺儿童漫画集》里感受大师的幽默……

二、读童话、读故事，体会阅读带来的启示

童话是儿童特别喜欢的一种体裁，无论是国外的《格林童话》《安徒生童话》，还是中国民间童话，都可以引领孩子走进神奇的世界，感受童话世界的奇妙和精彩。而神话故事、寓言故事、成语故事、《儿童文学》名家汇、《时文选粹》《智慧背囊》《哈佛家训》《吴姐姐讲历史故事》这些书籍也汇集了一个又一个古今中外的名人小故事，读来可以让人受益匪浅。

其中，有一个选自《新人文读本》的小故事就走进了我们班孩子们的心灵：

德高望重的牧师——戴尔·泰勒向学生讲述了一只兔子竭尽全力拖着受伤的后腿逃生的故事后向全班郑重其事地承诺：谁要是能背出《圣经·马太福音》中第五章到第七章的全部内容，他就邀请谁去西雅图的"太空针"高塔餐厅参加免费聚餐会。

《圣经·马太福音》中第五章到第七章的全部内容有几万字，而且不押韵，要背诵其全文无疑有相当大的难度。尽管参加免费聚餐会是许多学生梦寐以求的事情，但是几乎所有的人都浅尝则止，望而却步了。

几天后，班中一个11岁的男孩，胸有成竹地站在泰勒牧师的面前，从头到尾地按要求背诵下来，竟然一字不漏，没出一点差错，而且到了最后，简直成了声情并茂的朗诵。

泰勒牧师比别人更清楚，就是在成年的信徒中，能背诵这些篇幅的人也是罕见的，何况是一个孩子。泰勒牧师在赞叹男孩那惊人记忆力的同时，不禁好奇地问："你为什么能背下这么长的

文字呢？"

这个男孩不假思索地回答道："我竭尽全力。"

16年后，这个男孩成了世界著名软件公司的老板。他就是比尔·盖茨。

阅读完这个《尽力而为还不够》的小故事时，孩子们都深受启发，表示自己也要把自己的梦想分成一个个小目标然后为了实现自己的梦想竭尽全力。

三、读传记、读小说，感受阅读带来的成长

学《一夜的工作》然后读《周恩来传》，学《跨越百年的美丽》然后读《居里夫人传》，从这些人物的传记中了解名人的伟大贡献并感受伟人的人格魅力，可以为学生立下远大的志向奠定基础，还可以为学生的成长引路。《狼王梦》《狼图腾》《福尔摩斯探案集》《时代广场的蟋蟀》《绿山墙的安妮》等等这些国内外的小说，也让学生陶醉不已。

中国教育报在报道李希贵校长的《语文老师心中的痛，阅读比上课管用》中有一段精彩的导读："一个孩子的认识水平，如果我们给他积累、给他大量地铺垫，他的高度就会超出他这个特定年龄段。正是因为他们自己的阅读、涵咏、积累和感悟，提高了他们的语文成绩。语文到了一定程度以后，有些东西是考不出来的，但是阅读的力量却能够影响一个孩子的终生。"

是的，阅读的力量能够影响一个孩子的终生。让我们带领孩子走进书本，让海量阅读为孩子的人生涂上美丽的底色。

"名不副实"的名师

认识于永正老师，是在《教海漫记》《小学语文教学》《小学教学》等这些书籍和杂志上，那一篇篇行云流水的教育教学著作，让我受益匪浅、钦佩不已。仰慕于老师已经多年了，因为种种原因却每次都与于老师的课擦肩而过。真正听到于老师执教的语文课，也就在2008年10月28日这一天。但是，在聆听了两节于老师执教的《林冲棒打洪教头》后，我迷惑了：这就是于老师？全国著名特级教师于永正？这就是于老师的课？多少语文老师学习、"追捧"的语文课？

我有些失望、有些难过，我想：原来，名师，也不过如此啊，原来，名师，也有名不副实的啊。

可是，回来后，在反反复复地观看了于老师上课的录像后，在静下心来慢慢地品味于老师的语文课后，我有了令自己吃惊的发现。哦，原来，于老师的课，是这样上的啊——

一、导入，虽平平淡淡，却自然流畅

一上课，于老师便开门见山："很高兴今天下午能够和五（7）班的同学一起学习这篇课文，课文题目是——"如此简单、直接、明了地导入新课，感觉就像推开邻班教室的门看到一张亲切而熟悉的脸孔在上一堂平常课一样。不过，正是这样平平淡淡的导入，让第一次见到于老师的学生们感到亲近，所以，我们见不到于老师和学生第一次见面的那种隔阂，有的，是自然流畅地进行下去的课堂教学。

二、设计，看简简单单，却独具匠心

崔峦先生曾提出"简简单单教语文，扎扎实实促发展"的口号。于老师的教学设计，就实实在在地体现了语文教学的基础性，展现了他平平淡淡教语文，简简单单教语文，扎扎实实教语文，轻轻松松教语文的特点。他把基础教育——这张学生走向生活的通行证，打造得厚厚实实。课堂上，只见他反反复复的示范读、指导读，通过读课题、读生字、读多音字、读课文，让学生读准字音，读懂课文。他的教学设计，看简简单单，却独具匠心。在学生读通、读顺课文之后，于老师进入了新课的讲授："通过读课文，你觉得林冲这人怎么样啊？"在引导学生抓住重点词语理解课文后，请学生品读了"恭身施礼""起身让座""不敢不敢""只好""请教了""扫"等这些重点词语，和学生一起悟出了林冲为人的一个最大的特点：让。然后，围绕这个"让"字学习整篇课文。教学流程如下：

$$礼\searrow \quad \nearrow谦$$
$$让$$
$$忍\nearrow \quad \searrow宽$$

课文的学习循序渐进，层层深入，由"礼让"到"忍让"再到"谦让"，等到学生把最后一个"宽让"也想出来的时候，课文内容的掌握，已经不在话下了。而课堂的教学效果，也不着痕迹地达到了。

三、引导，虽波澜不惊，却饶有风趣

课堂教学的引导，有时，需要教师技高一筹的点拨，才能激发学生的思维，培养学生探索的能力，开启学生的智慧。这两节课也不例外。当学生需要点拨的时候，于老师采用了别具风格、生动活泼的引导方式，比如，让学生猜一猜："同学们那么多举手的，我能猜着他们怎么说，我想把我猜的话告诉你，你来证明一下我猜的对不对。"再比如，让学生写一写："如果你把林冲

飞刀老师的『太极拳』

的为人、林冲的人品读出一个字来，就用笔写在手心上，写好了悄悄地给我看，不要给别人看见。"

充满了童心的"小游戏"式的引导，激发了学生的兴趣，拉近了与学生的距离，也让前来听课的老师们会心地笑了。

四、评价，似漫不经心，却立竿见影

老师的评价，对学生所起的作用是举足轻重的，恰如其分的评价，不仅能最大限度地调动学生的学习热情，有时还可以化腐朽为神奇，创造出课堂教学艺术的最高境界。这两节阅读课，于老师在学生朗读后、回答后抛出了这样的评价：

"很好！"

"领悟的够快啊！"

"完全正确。"

"正确流畅。"

"那么长的一段话，只丢了一个字，错了一个字。"

"很不容易啊！"

"真好，掌声应该送给她。"

"到目前为止，你在班里朗读课文啊，给人的感觉最好，大家都感觉妙极了！怎么妙呢？妙不可言，大家都有体会。奖励你，再往下读一段，能者多劳。"

"了不起！"

……

这些评价，看似漫不经心，却对学生起了"四两拨千斤"的激励作用，起到了立竿见影的效果，比如那个听到于老师夸她的朗读"给人感觉最好"并奖励她再读一段的女生，后面的朗读更是劲头十足、绘声绘色了。

曾经有人说，在现在的小学语文届，可以说乱花渐欲迷人眼，在这种乱花渐欲迷人眼的绚烂多姿的景观里面，有一道最朴素的风景，那道风景不是繁荣的树木，不是娇艳的鲜花，而是——像泥土一样朴实的于老师的课。是的，于老师的课，没有轰轰烈烈的表演，没有热热闹闹的讨论，没有林林总总的设计，他的课，乍一听很普通，所以可能会有浅薄如我当初那样的误解，可是，细细品来，他的课，体现了一位长期以来一直实实在在地为学生服务的语文教师的教育教学价值观，那就是：强调语文教学的基础性，促进学生基础素养的提升。而听于老师的课，就像品尝妈妈做的家常菜一样，不特别，却很贴心，也能实实在在地填饱肚子。

原来，真正大师级的名师，他关注的是学生、关注的是基础、关注的是细节。原来，我曾以为的名不副实是错误的。于永正老师，是名副其实的名师啊。

一幅幅对联传承经典，一声声诵读浸润人生

睿智的语言，可以让你领略到他的智慧；充满童趣的动作，可以让你感受到他的童真；而生动传神的表情，更可以让你真切地体会到他对语文，对语文课堂，对语文课堂教学的投入和热爱。

他，就是赵志祥老师。

其实，领略赵志祥老师的风采，早已不是第一次了。赵老师，深圳市小学语文教研员，全国著名特级教师，一位时常奔走在一线教师中间、时常出现在小学讲坛上的风云人物，用他的智慧，他的才华，他对语文教学的热爱，深深地影响了一个又一个教师和孩子。

2010年11月26日，赵老师在深圳南山育才四小展示的《对联趣读》课，再一次深深地折服了在座的学生和教师。

特色一：引导有温度，谈笑知冷暖

【教学片段一】

师：为了表达我十分的感谢，我做一个特殊的决定，咱们这个台上的位置比较小，凳子大，站起来不方便，因此咱们上课的时候可以不站起来回答问题，明白了吗？你举手，我到你跟前去，我为你服务。听明白了吗？

生：明白了。

师：那待会儿咱们上课的时候，也不用站起来给老师问好了，因为今天你们特别辛苦，放弃秋游来上课，为了表示我的感

谢，我给你们鞠躬，好吗?

生：不好。

师：不好? 哇，好有礼貌的一群孩子! 那这样，咱们都互相不鞠躬，不问候，咱们就直接上课，可以吗?

生：可以。

【教学片段二】

师：（课件出示：长长长长长长长，长长长长长长长。）据专家考证，有7种读法，你们现在都当一次专家，读错没关系，我可以告诉你们，你们乱蒙，说不定都能蒙对一个。试试看。

（学生练习）

师：好，你来。

生：长长长长长长长；长长……

师：注意，一共7个字，不能读乱了。别慌，沉住气啊。

生：长长长长长长长，长长长长长长长。

师：我先不说他这个对错，我觉得他读的能够两边上联和下联相同的位置上的字的字音发声对照，完全不一样，把握的这种准，就已经难能可贵，不过很遗憾，不太对，最起码7种读法里面没有，如果你能把你的这种读法，自己论证一番，能够自圆其说，说得有道理，我们封你为第八种读法的创始人。

【评析】

无论是片段一中我们看到的课前交流，还是片段二中我们所看到的课堂引导，我们都可以从赵老师的身上，看到那种对学生的尊重。整整两节课下来，赵老师一步步地引导学生，由初识对联，到了解对联，再到了解对联的写法，他的话语，是那么亲切；他的提醒，是那么温暖；他的激励，又是那么有力量。在他

飞刀老师的『太极拳』

有温度的引导中，知冷暖的谈笑中，他以自己丰厚的人文底蕴培养了学生对语言敏锐的感受力。所以，在赵老师的课堂上，我们可以看到，学生既学到了关于对联的知识，又欣赏到了赵老师的博学多才，还感受到了赵老师的人格魅力。

特色二：设计有广度，评价见才情

【教学片段三】

师：有没有人不看自己查找的资料，脱口说出一幅对联？有没有？（学生举手）好，你来。

生：狗啃和尚骨，水漂东坡尸。

师：谁还知道这幅对联？（有学生举手）好，了不起，这是我的绝活啊。你知道吗，苏东坡和他的好朋友佛印骂架的事，对不？你看，一个大文豪，骂人都骂的那么有文采。

生：细羽家禽砖后死，粗毛野兽石先生。

师：这幅对联我听了有点不大舒服，骂我们老师的耶。也有一个故事，对吧？话说什么什么，俺不说，回去之后你给大家讲，好吗？（学生举手）好，你来。

生：龙腾虎跃人间乐，鸟语花香天下春。

师：哇，这是一个非常现代的但是不缺文学气息的春联，不错！还有吗？你来说一个。

生：横眉冷对千夫指，俯首甘为孺子牛。

师：了不起的孩子，把鲁迅先生的大作都记得了，不错，很经典的一幅对联。

生：船尾拔钉，孔子生于舟末；云间闪电，霍光出自汉中。

师：这个对联我以前听过，但是我没把它当心思记，很高深的一幅对联，里面藏着什么东西？你来说说。

生：船尾拔钉，钉子插进去就会有一个孔，就是孔子；然后，船末就是船可以撑舟，所以就是周末，连起来就是孔在舟末，呵……（生笑，说不下去了，众人笑。）

师（笑）：记得，不要怕，说错，也要潇潇洒洒的错。明白了吗？不错，你很有底气。你回去之后再查查，把它记熟了，肯定能把他们（指全班同学）讲的一愣一愣的，我相信你，你有这能耐。

生：寂寞寒窗空守寡，退还莲迳返逍遥。

师：很有水平的一幅对联，寂寞寒窗空守寡，全宝盖头的字，对吧？不过你说的是一幅绝联的上联，你说的那个下联是很多人对的其中一幅，看上去好像有点相对，也有相同的偏旁和它相对着，其实啊，我建议你，还是把"寂寞寒窗空守寡"当成绝联看待。

生：墙上芦苇，头重脚轻根底浅；山间竹笋，嘴尖皮厚腹中空。

师：多好的一幅讽刺联啊……

【评析】

对于六年级的学生来说，对联，既是熟悉的，又是陌生的。熟悉的是，在春节时，在喜宴上，在追悼会中，我们都可以看见对联。但对联，对学生来说，又是陌生的，因为，除了背诵过某个单元"日积月累"中的那几幅对联之外，除了平时走马观花看的那几眼之外，其他关于对联的知识，恐怕就了解甚少了。而赵老师的教学设计，层层深入，充分体现了语文课堂上的"广度"。有人说，语文课堂如果没有了广度，没有了大量材料的补充完善，语文也就不成语文了。赵老师这两节课，让学生从多角度了解了对联，知道了被称为"民族瑰宝，分两行以媲美；中华明珠，历千载而弥珍"的是对联；知道了"对联，又称楹联、对子。它言简意深，对仗工整，语言精美，通俗易懂，是深受人们喜爱的一字一音的汉语言独有的艺术形式"；知道了对联有春联、"对联"联、言志联、颂联、哲理联、讽刺联、趣联、挽联……甚至，还从下面这两幅对联中知道了上下联相对的词词性要相同：

出水　青蛙　穿　绿袄　前年　老树　为　衣架
落汤　螃蟹　着　红袍　万里　长江　作　浴盆
　↑　　　↑　　↑　　↑　　　↑　　　↑　　↑　　↑
动词　名词　动词　名词　数量词　名词　动词　名词

也从"海阔凭鱼跃，天高任鸟飞"知道了对联要平仄对仗……而从教学片段三中，我们更能看出，无论学生说到哪幅对联，赵老师都能及时点评，他了解这些对联，也能娓娓道来这些对联背后的故事，由此可见，赵老师有着厚重的文化积淀，他的评价，文采飞扬，才情横溢。

特色三：延伸有深度，课外传经典

【教学片段四】

师：类似这样的对联很多哦，你查一查，读——

生：园名原名圆明园。

师：绝联啊，倒着来读。

生：园明圆名原名园。

师：绝啊，你不是有"寂寞寒窗空守寡"吗？我还有呢，一起读——

生：烟沿艳檐烟燕眼。

师：再读一遍。

生：烟沿艳檐烟燕眼。

师：意思明白了吗？意思是赵老师抽烟的时候啊，那一缕烟沿着艳丽的房檐烟了小燕子的眼睛。烟沿艳檐烟燕眼，读——

生：烟沿艳檐烟燕眼。

师：怎么样，可以交流了吧，太多可以交流的东西了，这个（出示课件），孩子们，我昨天晚上，想到要来育才小学来上课，我就自己杜撰了一幅烂对联，我觉得比较烂，烂联就对烂联，就是想不出下联，憋死我了，咱们读一读。

生：育才学校育英才桃李满天下。

【评析】

赵老师的作业设计，可谓是技高一筹，他针对育才四小的实际情况，出了"育才学校育英才桃李满天下"这样一幅上联，虽然当时孩子们无法对上，但这幅对联，学生肯定是记下来了。有一位教育家曾经说过，解决了所有问题的课堂算不上好课堂，留有思考空间的课堂才是好课堂。赵老师留给学生的作业，思考的空间大，能把深度思维、多向思维的习惯播撒到每一个渴望获取更多知识的心灵中。

我国浩如烟海的经典文化内涵深刻，博大精深，可谓国之瑰宝，世之奇葩。诵读经典，既像和历代先贤交流，又如用手指去触摸中华民族生生不息的伟大灵魂。而让经典走进语文课堂，让学生在语文课堂上了解对联、诵读对联，就是享受经典的途径之一。倾听名师对经典的诠释，可以让我们对经典有更深的认识和理解。把赵志祥老师的《对联趣读》作为引领学生探取中华文化智慧宝藏的视窗，让阅读经典浸染学生的灵魂，奠基学生多彩的人生。

　　听完赵老师的课已经很久了，我觉得，那一幅幅对联，至今仍在我脑海里浮现；孩子们的朗诵，也常常萦绕耳边。是啊，一幅幅对联传承经典，一声声诵读浸润人生。就用赵老师的对联来结束我的这篇文章吧：忆往昔，读经典，可谓声声悦耳；看今朝，品对联，真是句句赏心。

【参考文献】

　　雷玲：《好课是这样炼成的》华东师范大学出版社

学科教学篇

过特别端午，赏文化大餐

2010年6月13日——6月16日，适逢端午佳节，我有幸参加了"广东省第八届青年教师阅读教学观摩活动"，三天的听课活动下来，我的收获颇丰。

一、美轮美奂的教学课件，让我们在视觉上得到了满足

多媒体教学作为一种现代教学方式，它为改变传统的注重认知、灌输、封闭的课堂教学模式提供了新的思路，为建立新型的课堂教学模式奠定了基础。为期三天的二十二节优秀课例，参赛老师来自全省各市，均为各市教坛的佼佼者，他们以自己丰富的教学经验，为全场近2000余名老师呈现了一节节精彩纷呈的阅读课。二十二节课，给我们带来了美轮美奂的视觉盛宴。

像深圳市荔园小学薛莹老师上的《伯牙绝弦》。一上课，她就以精美绝伦的课件展示了"弦"。古香古色的琴弦，在优美动听的音乐声中，仿佛在倾诉着那荡气回肠、耐人寻味的故事。学生，在这样的氛围中，慢慢地走近了伯牙和子期，慢慢地领略了那个流传千古的"人生苦短，知音难求；云烟万里，佳话千载"的至交典范。

薛莹老师的教学课件，直观形象，内容丰富，包罗万象，既让学生学习到了知识，又为学生的语言实践提供了很好的平台。薛老师则恰如其分地运用这个教学课件，为她本就精彩纷呈的课堂锦上添花。

二、行云流水的教学设计，让我们在思想上受到了启发

整个听课活动，留给我印象最深的是佛山市顺德区汤诗艺老师的《触摸春天》。这个年仅25岁的姑娘，以其精彩的教学设计，深厚的文学素养，富有感染力的语言，让全场老师都陶醉在她的课堂里。

一上课，汤老师就给学生们送上了一首诗，诗歌中，呈现了一个多姿多彩的春天，然后，教师巧妙导入新课：在盲童的眼里，春天又是什么样的呢？在汤老师的引导下，孩子们通过朗读、通过感受、通过想象领悟了文中这个叫安静的小女孩神奇的灵性，明白了作者那颗不轻易惊动别人的善良的心，也认识了这个世界上有许许多多的身体不健全的人，他们都创造了一个属于自己的缤纷世界。

有人说，上好一节语文课，教师备课是根本，教学设计是关键。而汤老师的这堂课，整个教学过程衔接有序、张弛有度、游刃有余，一堂课下来，那行云流水的教学设计，再加上老师课堂上展现出来的肯定的眼神、微笑的表情、激励的言语、巧妙的提示，让下面很多听课的老师不禁感叹：长江后浪推前浪，江山代有人才出啊！

三、幽默风趣的教学语言，让我们在听觉上得到了享受

前苏联著名教育家斯维洛夫指出："教育家最主要，也是第一位的助手是幽默。"无论是激发学生的兴趣，还是活跃课堂的气氛，或者是缩短师生之间的距离，幽默，都能起到很大的作用。当一个教师充满朝气、精神焕发地站在讲台上，用幽默作为教学的点缀时，课堂教学就会变得轻松愉快。

每个人都喜欢听幽默风趣的话，学生也不例外。我想，这些来参赛的老师一定深谙此道，来自肇庆市的连剑宇老师更是如此。他执教的《临死前的严监生》，在课堂即将结束的时候，他用了一句话概括了整节课的内容：一茎灯草不挑，两个指头不倒！

学生笑了，全场听课的老师也笑了。笑声中，学生得到了启发、受到了教育，而连老师抓住契机，巧妙地运用幽默的教学语言，使学生轻松愉快地领会到知识的内涵。

教师是课堂学习中的组织者、指导者、合作者，教师的职责就是运用自己的智慧，让学生的个性在宽松、自然、愉悦的文化氛围中得到释放。而幽默，则为课堂注入了一股新鲜的、流动的血液，有了它，课堂就像磁石一般富有强大的吸引力，成为学生流连忘返的殿堂。

四、不着痕迹的思想教育，让我们在心灵上受到了熏陶

精彩的课堂教学总让人感觉时间短暂，收获良多。这次比赛，广州市番禺区的皮涛老师的课就给了我这样的感觉。皮老师给大家带来的是人教版四年级上册的《猫》，他用"这是一只怎么样的猫呢"的问题设计，牵一发而动全身，引导学生深入文本探究。

课堂上，皮老师引导学生了解作者在用具体事实表现猫既老实又贪玩，既贪玩又尽职，既胆小又勇敢的古怪性格。整堂课，皮老师创造了一种和谐、民主、宽松的教学氛围，激发了学生求知和表达的欲望。

一堂课下来，老师并没有高调地对学生进行思想教育，要爱护动物啊，要与动物和谐相处啊。可是，因为皮老师的课堂，活生生地展现了一只调皮、机灵、可爱的猫，所以，让听课的学生，还有听课的我们，都不知不觉地喜欢上了猫。这也让我想起了有一段时间网络上疯传的虐猫事件，还有深圳富士康的跳楼事件，这不就是因为不懂得热爱动物、热爱生命而引发的悲剧吗？而一个会喜欢小动物的人，怎么会舍得伤害它呢？一个喜欢小动物的人，怎么会不喜欢自己和自己的生活呢？自觉不自觉地，我

们，都受到了皮老师不着痕迹的教育。

有人说，从哲学的高度，巧妙地对学生进行思想教育，引经据典，是本事。我却觉得，如果教师能利用课堂上散发出来的和谐与灵动不着痕迹地对学生进行教育，那就更加了不起。

总之，精彩的课堂，能让学生的个性张扬，能让教师的智慧闪光。对于比赛课来说，执教教师的教学风格、丰富而恰到好处的评价语言，也给听课老师带来美的享受。

比赛虽然早已结束，但教学研究将永无止境。很多普通的教师，也许还没有参赛老师的实力，但我们可以做的，是不放弃对语文教学的热爱，以及对语文课堂的探索，对语文教学的反思。

聆听名师课堂　感受诗意语文

——记广州市海珠区万松园小学麦珏昉老师执教的《石灰吟》

2011年6月17日，作为区小学语文骨干教师培训班的成员之一，我有幸聆听了广州市海珠区万松园小学麦珏昉老师执教的五年级略读课例《珍珠鸟》和六年级古诗课例《石灰吟》。《珍珠鸟》的教学行云流水，风格清新；《石灰吟》的教学深沉凝重，感人至深。尤其是《石灰吟》的教学，给了我很多的启发和思考。

一、朗读到位，韵味无穷

从介绍石灰入手，麦老师把普普通通的石灰带到了大家的面前后出示了：

石灰吟

千锤万凿出深山，

烈火焚烧若等闲。

粉骨碎身全不怕，

要留清白在人间。

解诗还得先读诗。麦老师在指导学生的朗读上可谓是做到了不着痕迹，她先把"千锤万凿""烈火焚烧""粉骨碎身""要留清白"读得有滋有味，让学生接着朗读"出深山""若等闲""全不怕""在人间"，然后反过来，学生读"千锤万凿""烈火焚烧""粉骨碎身""要留清白"，麦老师把"出深山""若等闲""全不怕""在人间"读得声情并茂。就这样，学生在不知不觉中，就把这首诗读出了感情、读出了诗意、读出了韵味。

二、设计巧妙，诗意十足

麦老师的《石灰吟》教学设计匠心独运，以两袖清风、牢狱之灾、力挽狂澜、英雄本色四个小故事使人物形象逐步丰满、鲜明。她指导学生把注意力聚集到"千锤万凿""烈火焚烧""粉骨碎身"这三个有声音、有色彩、有温度的词上。锤击，一次，十次，百次，千万次，还要在熊熊烈火中焚烧。不等闲啊！何况最后还要"粉骨碎身"！可于谦写的是"若等闲""全不怕"。为什么？答案只有一个，那就是"要留清白在人间"。石灰是这样，于谦也是这样。当他决意不肯行贿为自己招来牢狱之灾；当他坚定地反对南迁结果让不少人对他恨之入骨；当他整顿军队承受着怀疑与非议；当他被诬告蒙受了巨大的冤屈……与其说是写石灰，不如说是以石灰之躯写于谦自己啊。

从品诗歌，到品故事，这样巧妙的设计，再加上麦老师极具感染力的教学语言，打动了学生的内心，扣响了学生的心灵之弦，使整节语文课充满了浓浓的诗意。

三、拓展深刻，感人至深

于谦最敬仰的人，是文天祥。少年时期，于谦在自己的书斋里挂着文天祥的画像，天天膜拜。当先生问他为何这样做时，于谦应声答道："将来我要做像他那样的人！"而文天祥的"人生自古谁无死？留取丹心照汗青！"更是于谦的"座右铭"。所以，当他决意不行贿时，当他反对南迁时，当他整顿军队时，当他被诬告时，甚至，当他被押赴刑场时，他的心里，都铿锵有力地响着这两句诗。由受这两句诗熏陶着成长的于谦，又写下了掷地有声的：

> 粉骨碎身全不怕，
> 要留清白在人间。

麦老师把大家带来到了这样的情景中：

当于谦被押赴刑场时，天灰蒙蒙的，闷雷滚动，乌云很低，很低。全城的老百姓都赶来了，他们来为于谦送行。刑场上，于谦轻轻吟道：

千锤万凿出深山，烈火焚烧若等闲。

粉骨碎身全不怕，要留清白在人间。

此刻，他坦然地闭起了双眼。他已经无愧于自己，无愧于百姓，无愧于国家，无愧于天地，死亦何惧？但他分明听到，身后的百姓们，也在用一种低沉的声调吟诵着这首诗：

千锤万凿出深山，烈火焚烧若等闲。

粉骨碎身全不怕，要留清白在人间。

声音一开始是轻轻的，还带着一些对当权者的恐惧，慢慢的，应和的人越来越多，最后，那声音越来越大，那声音久久在天地间回荡着：

千锤万凿出深山，烈火焚烧若等闲。

粉骨碎身全不怕，要留清白在人间——

要留清白在人间——

在人间——

听到这里，学生，还有在场的听课老师，很多人的眼睛都湿润了，这一堂课，我们和孩子们一起，在麦老师的带领下，把于谦，把于谦的《石灰吟》，把"清白"这两个字，深深地、深深地——刻进了心里。

聚焦课堂篇

　　课堂，是飞刀老师精神栖居的主要场所。班会课、语文课、综合实践活动课，是飞刀老师的所有课程。在飞刀老师的课堂上，学生听、说、读、写、背、议、辩、演，在这样的各种学习方式中感受语文，亲近自然，爱上生活，师生在平等交流中充满着心灵的碰撞，在激烈辩论时涌动着思想的灵性，在高声诵读中勃发着澎湃的激情，在安静提笔时流淌着如诗的旋律，在全心投入中演绎着语文的精彩、生活的精彩、生命的精彩。

我在这里

——关于责任的班会课设计

活动目的：

1.通过本次活动，让学生懂得不同的角色有不同的责任，勇于承担责任是中华民族的传统美德，责任的背后有付出。

2.让学生深入了解责任的作用和影响，唤醒同学们的责任心。

活动重点：

借助视频、故事、小品、辩论等多种形式，使学生"知责任、明责任、负责任"。

活动准备：

1. 发动学生搜集身边勇于承担责任的故事。

2. 排练小品。

3. 准备课件。

活动过程：

课前：游戏热身

一、知责任

教师导入：同学们，今天的班会课上，李老师给大家请来了很多朋友，让我们一起来猜一猜他们的角色。

学生猜。

教师：熟悉了这些大朋友，你能不能告诉我，他们都有着什么样的责任呢？

飞刀老师的「太极拳」

学生说。

过渡语：是的，教师的责任是教书育人，警察的责任是保家卫国，医生的责任是救死扶伤……那我们呢？我们有着什么样的角色？这些角色又承担着什么责任呢？

学生分小组讨论，汇报。

教师小结：是的，每个人都有自己的角色，不同的角色承担着不同的责任。

二、明责任

现实生活中，还有一部分同学对责任的认识不到位，下面请看图片：

水龙头哗哗流水，经过的学生视而不见。

地上堆满纸屑，在旁边玩耍的学生无动于衷。

教室里人走光了，但灯还在亮着。

老奶奶摔倒了，围观的人群一副"事不关己，高高挂起"的姿态。

……

我们根据其中的一幅图课前临时排了一个小品，现在让我们以热烈的掌声请出我们班的小演员。

情景：一个老奶奶过马路摔倒了，一个小学生刚好路过，他很冷漠地离开了，另一个小学生也看到了，他很犹豫，到底扶不扶呢？这个时候，第三个小学生经过，他快步上前扶起了老奶奶。

学生小组讨论：如果在场的是你，你会扶吗？为什么？

根据学生的意见，分成正反两方，辩题是：老奶奶摔倒了，该不该扶？

正方：老奶奶摔倒了，该扶。

反方：老奶奶摔倒了，不该扶。

学生辩论。

教师小结：公说公有理，婆说婆有理。相信大家从刚才激烈的辩论、智慧的碰撞、言语的交锋中，对于"该不该扶"已经心中有数。不过，对于我们每一个人来说，学会承担责任很重要，学会保护自己也很重要。比如，当看到老奶奶摔倒时，我们不是冲动地盲目地跑过去直接扶人，而是先询问老奶奶是否需要帮助，并且找旁观者协助，或者，直接报警求助。无论你采取哪一种方式，因为你的心中拥有这份作为学生、作为社会小公民的责任，我相信，你一定会找出充满智慧的办法来履行你的这份责任的，因为，勇于承担责任是我们中华民族的传统美德，更是我们每一个人必备的素质。当然，承担责任主要是看平时，所以，当看到哗哗流水的水龙头，当见到堆满纸屑的地板，当看见没有及时关掉的灯，让我们用行动说：我在这里！

三、负责任

责任不是挂在嘴边的，它，还需要我们付出行动，下面，我们一起来看一看，一个和同学们年龄相仿的孩子，他，是怎样用自己羸弱的肩膀承担起责任的。

播放洪战辉的故事。

听完了这个故事，请你静静地想一分钟，你会怎样评价洪战辉?

学生说。

我们一起来看看，感动中国组委会给洪战辉的颁奖词。

播放颁奖词。

教师小结：在洪战辉还是一个孩子的时候，就对另一个更弱小的孩子担起了责任，他的行动，告诉了我们，承担责任是要付出行动的，当妹妹需要的时候，他在这里！

同学们，在平时的学习生活中，你有没有留心观察发现身边那个特别负责任的同学？有没有关于这个同学的故事要和我们一起分享？

学生讲故事。

评出"尽职小明星"，颁发奖状。

采访一下小明星：你为什么要这么做啊？

过渡：希望同学们能向这些"尽职小明星"学习，如果同学们都能从小就养成："当班级需要的时候，我在这里；当同学需要的时候，我在这里；当老师需要的时候，我在这里"这样良好的习惯，我相信，我们的家庭、学校、社会一定会越来越美好！

老师也带来了一个令我非常感动的故事：

公明第一小学学生义工的故事。

这名孩子叫XXX，是深圳市公明第一小学一名普普通通的学生，当大运需要的时候，他在这里！他的故事，告诉了我们：承担责任，要从身边小事做起。

四、齐分享

同学们，今天的班会课，李老师给大家带来了一份礼物，这份礼物是李老师所在班级的同学听说李老师要来山西上课后为同学们准备的。

请小组长分发信件。

请几个同学读信。

请同学们回信。请几个同学读一读自己的回信。

五、作总结

同学们，如果把我们的生命比喻成一棵树的话，那么角色就是树干，责任就是绿叶，让我们在生命的土壤里播下一颗爱的种子，让我们把每一份角色扮演好，把每一份责任担当好，然后，让这棵树生根、发芽，最后，让它健康成长为一棵参天大树！

最后，让我们大声地喊出那句掷地有声、铿锵有力的话：当家庭需要的时候，我在这里！当社会的时候，我在这里！当你需要的时候，我在这里！

齐唱深圳大运会志愿者主题歌《我在这里》。

板书：

不同的角色有不同的责任

勇于承担责任是传统美德

承担责任是要付出行动的

承担责任从身边小事做起

（图10：第四届全国班会课现场课比赛现场）

（图11：获得全国班会课现场大赛一等奖）

《网络这把双刃剑》班会课设计

有人通过网络致富，有人利用网络犯罪，网络，究竟是"万能法宝"还是"洪水猛兽"？小学生，又该如何认识网络呢？针对这个话题，我把班会课的地点搬到了多媒体教室，为六年级的学生设计了一节题为《网络这把双刃剑》的班会课。

班会目的：

1. 让学生了解网瘾对人的危害。
2. 让学生学会正确地使用网络。

课前准备：

1. 收集关于网络利弊的案例。
2. 搜集网瘾危害的资料。
3. 自制的多媒体课件。

活动形式：

游戏体验、分组辩论、案例分析等。

活动过程：

一、网络寻宝，激发兴趣

班会课开始之前，我在校园网的FTP里埋了一个"宝藏"，让学生登陆校园网找到老师送出的神秘礼物。

于是，"寻宝"活动激烈展开了，学生利用自己的电脑技术在网络上搜寻。等到找到老师亲手制作的精美"贺卡"时，学生惊喜不已。接下来，我引导学生进入班会的第二个环节——

二、深入探讨，以理动情

学生还在对刚才的游戏回味无穷时，我引导学生谈话分享自己的感受，随机切入班会主题：你瞧，网络是多么神奇啊，那么，为什么学校还要提倡我们绿色上网呢？为什么网吧禁止未成年人进入呢？

接着，引导学生按照自己的观点分为两组进行辩论，一组是"小学生上网利大于弊"，另一组是"小学生上网弊大于利"。学生根据平时对事物的观察以及课前所收集的材料进行辩论。通过辩论，同学们知道了，如果用的好的话，网络就像营养品一样滋润我们的心灵，像朋友一样陪伴我们的人生，像窗户一样打开我们的世界，给我们力量、勇气和智慧，但凡事适可而止，网络游戏、网络交友、网上聊天的泛滥正在改变、侵蚀着一代人的生活，如果患上网瘾的话，会影响学习、影响身体、甚至影响我们的前途。

三、典型案例，引发共鸣

学生的感受加深了，情感被激活了，顺势，就进入了"典型案例，引发共鸣"这一活动环节。

这个时候，让学生把网瘾的危害讲述出来，于是，通过个人讲、分组讲等形式，让学生在天津市13岁的少年张潇艺因上网玩《魔兽世界》成瘾而跳楼、比尔盖茨却通过网络成为了世界首富等等这些故事中，让学生明白，不懂得控制时间、无休止地玩游戏导致的后果，也让学生懂得，如果利用WORD编辑文章、用E-mail给亲朋好友写信、上网学习、查找资料，可以给我们的学习、生活带来很多方便，让学生通过鲜明的对比更进一步认识到网瘾的危害和正确使用网络的重要性。

四、拓展延伸，升华情感

最后，请学生在题为"拒绝精神毒品，追求美好人生"的横幅上签名宣誓。并在《发一个E-mail给明天》的歌声中利用网络给老师发一封E-mail。

　　这节班会课，没有传统的班会课上教师的高谈阔论，学生的充耳不闻，有的是学生在自己喜欢的玩、说、辩、写等多种形式中提高了认识，明辨了利害。铃声响，下课了，该如何正确使用网络的知识，将永远留在了孩子们的记忆深处。

我是黄河，我想说

——《黄河是怎样变化的》教学设计

设计理念：

说明文，兼具科学性、准确性。《黄河是怎样变化的》就是一篇说明文，它围绕"黄河是怎样变化的"讲了四个方面的内容：灾难、摇篮、原因、治理。要把说明文上出生动性、形象性、趣味性，让学生不仅对说明的事物切实可信，而且在轻松愉快的课堂活动中获得对事物的理性认识，就需要教师精心设计教学环节。在这篇课文的教学中，我运用角色扮演的方法，激励学生自主学习，质疑探究，重组语言，激情表述。这样一来，既可以培养学生的自学能力，又可以培养学生的语感。让学生在获取知识的同时，提高了保护环境的意识。

教学目标：

1. 了解黄河的变化、变化原因及治理黄河的办法，懂得黄河变化给人类带来的教训，树立环保意识。

2. 有感情地朗读课文。

教学重、难点：

了解黄河的变化、变化原因及治理黄河的办法，懂得黄河变化给人类带来的教训，树立环保意识。

教学准备：

让学生课前搜集有关黄河变化前后的文字、图片资料。

教学时间：

第一课时

教学过程

一、激情导入——让学生初步接触黄河

1. 播放黄河以前的照片和现在的照片。

2. 谈话导入：同学们，如果老师告诉大家，刚才大家看到的，是同一条河，大家相信吗？是什么原因导致黄河从"中华民族的摇篮"变为"中华民族的忧患"呢？今天，让我们一起走进《黄河是怎样变化的》这篇课文。

3. 板书课题。

二、潜心品读——让学生整体了解黄河

（一）为你介绍原来的"我"

1. 快速默读课文，找出介绍原来的黄河的句子，结合自己课前搜集到的资料，然后以黄河的身份介绍自己。

预设：

生1：大家好，我叫黄河，数万年前，人们提起我，总是用"气候温暖，森林茂密，土地肥沃"来形容我，可见，当初的我是多么风光啊。

生2：大家好，我是黄河，数千年前，貌美如花的我可以与今日的江淮流域比美。

生3：我是黄河，因为我的自然条件非常好，所以，我被誉为"中华民族的摇篮"，所以，人类的的祖先才选择在我这里生息繁衍。

……

2. 教师板书：摇篮 气候温暖、森林茂密、土地肥沃、生息繁衍

（二）让你了解现在的"我"

1. 自由朗读课文，找出介绍现在的黄河的语句，结合课前搜集到的资料，以黄河的身份介绍自己。

预设：

生4：我是黄河，因为我是世界上含沙量最大的河，其含沙量相当于长江的68倍。我每年从中上游带到下游的泥沙总重量达16亿吨，其中12亿吨被搬到了大海，4亿吨则沉积在下游河道中。因为这4亿吨泥沙，它使我的河床逐年升高，结果有的河段高出两岸农田3－4米，有的甚至高出10米以上，使我变成了悬河。

生5：我是黄河，你可以想象吗？近年来，由于我身上的伤口不断增多，近2000年间就决口了1500多次，改道了26次。

生6：如今的我，给人类带来了深重的苦难，是人们口中的多灾多难的"祸河"。

······

2. 教师板书：忧患 气候转寒、暴雨集中、植被破坏、水土流失

3. 了解"我"变化的原因

认真默读课文第五自然段，边读边思考：哪些原因导致黄河发生了变化？把相关的句子画出来。教师根据学生的回答完成表格：

"我"为什么会变成这样	自然原因	暴雨集中 气候转寒
	社会原因	人口迅速增长，毫无节制开垦放牧植被遭到破坏，水土流失非常严重

（三）向你描述未来的"我"

1.请你展开想象，未来的黄河是怎样的呢？

预设：

生7：到那时，在我的身边，蓝天、黄河、绿地、鲜花交相辉映；鸟鸣翠柳，鱼跃水波……

生8：不久的将来，我将温顺安详地在两岸富饶的城市和乡村间婉转穿梭……

生9：我的未来，人类将以"文化、生态、低碳、宜居、科技"来为我命名。想想看，这是一幅多么令人热血沸腾、令人神往的壮美画面啊。

生10：我是"远上白云间"的黄河，我是"江山如此多娇，引无数英雄竞折腰"的黄河，带着历史的底蕴和沧桑，带着华夏民族的欢笑和眼泪，带着人类对过去的深省，我以繁花似锦的状态呈现在大家面前。

……

2. 怎样才能让这个未来的"我"出现在大家的面前呢？朗读第7自然段，思考治理黄河的关键和措施分别是什么？

3.学生边读边画，指名回答，教师小结：

治理的关键	管住泥沙
治理的措施	牧林为主 保护资源 规划用地 修筑水利

三、总结升华——让学生自发保护黄河

1. 教师配乐朗诵《我是黄河，我想说》：我叫黄河/成长在华夏的怀抱/也曾面朝大海/春暖花开/也曾青葱岁月/青春模样/可是有一天/是谁掠去了我的妖娆/我成了黄脸婆娘/汹涌的泪水难抑/冲垮了相依的村庄……

2. 让学生创编解说词，让那自发的保护黄河的情感充溢每一个小小的心田。

《圆明园的毁灭》教学设计

教学目标：

感受圆明园昔日的美。

体会圆明园被毁灭的痛。

能准确、流利、有感情地朗读课文。

教学准备：

自制课件

教学过程

一、复习一句话，感受圆明园的美

同学们，上个学期，我们从一篇题为《全神贯注》的文章中认识了法国雕塑家罗丹，而且，我们还熟悉了他的那句名言：生活中不是缺少美，而是缺少发现美的眼睛。今天的这一节课，李老师想先来看看，我们班的同学是否具有一双会发现美的眼睛。

出示圆明园的全景图，板书：圆明园。这是介绍圆明园的文字：

圆明园在北京西北郊，是一座举世闻名的皇家园林。它由圆明园、万春园和长春园组成，所以也叫圆明三园。此外，还有许多小园，分布在圆明园东、西、南三面。众星拱月般环绕在圆明园周围。

圆明园中，有金碧辉煌的殿堂，也有玲珑剔透的亭台楼阁；有象征着热闹街市的"买卖街"，也有象征着田园风光的山乡村野。园中许多景物都是仿照各地名胜建造的，如，海宁安澜园，苏州的狮子林，杭州西湖的平湖秋月、雷峰夕照；还有很多景物是根据古代诗人的诗情画意建造的，如蓬莱瑶台，武陵春色。园中不仅有民族建筑，还有西洋景观。漫步园内，有如漫游在天南地北，饱览着中外风景名胜；流连其间，仿佛置身在幻想的境界里。

圆明园不但建筑宏伟，还收藏着最珍贵的历史文物。上自先秦时代的青铜礼器，下至唐、宋、元、明、清历代的名人书画和各种奇珍异宝。所以，它又是当时世界上最大的博物馆、艺术馆。

请同学们以自己喜欢的方式读读这三段介绍圆明园的文字，然后，说一说，你发现了圆明园的哪些美？

学生说，学生板书。

教师小结：是的，这是一座被称为"万园之园""人间天堂"的园林（配乐介绍原来的圆明园）。人们曾用这样的词语形容它：

美不胜收　美仑美奂

精美绝伦　巧夺天工

鬼斧神工　旷世之作

人们还曾用这样的话语赞美它：

圆明园，东方的明珠，中国的骄傲。

必须有一位身兼诗人、画家、美术鉴赏家、中国学者和其他别种天才的人物，才能写尽园景，形容尽致。

在世界的某个角落，有一个世界奇迹。这个奇迹叫圆明园。有一座言语无法形容的建筑，某种恍若月宫的建筑，这就是圆明园。

作为一个中国人，我们的国家拥有这样一座举世无双的园林，你有什么样的感觉？

好，就让我们带着这种感觉来美美地读一遍这三段话。

二、感受一句话，体会圆明园被毁的痛

同学们都拥有一双会发现美的眼睛，太棒了。我们从刚才的这三段话中感受到了圆明园真实的美与幻境的美相融合，建筑的美与设计的美相结合，包容的美和独特的美相契合。可是，如果我告诉大家，有一天，有两个强盗，他们闯进了圆明园，以自己的所作所为，证实了鲁迅先生的一句话：悲剧，就是将有价值的东西撕毁给人看。

他们，把圆明园毁灭了。（板书：毁灭）

让我们一起来看看这令人难于置信却真实发生过的一幕吧。

教师示范读：1860年10月6日，英法联军侵入北京，闯进圆明园。他们把园内凡是能拿走的东西，统统掠走；拿不动的，就用大车或牲口搬运；实在运不走的，就任意破坏、毁掉。为了销毁罪证，10月18日和19日，三千多名侵略者奉命在园内放火。大火连烧三天，烟云笼罩了整个北京城。我国这一园林艺术的瑰宝、建筑艺术的精华，就这样化成了一片灰烬。

听完这段话，你有什么感受？

是哪些词语或者句子让你产生了这种感受？

让我们带着这种感受来读读这一段话。

正是这两个强盗的行为，让作者发出这样的感叹：

圆明园的毁灭是祖国文化史上不可估量的损失，也是世界文化史上不可估量的损失！

不可估量是什么意思？

板书：的。圆明园的毁灭，这样的损失是无可挽回的、不可

弥补的。

三、创作一句话，明白圆明园的毁灭带来的启示

学完了这篇课文，你想说些什么？请把你想说的这句话写在课文题目的上面。

我们发现了圆明园的美，我们感受了圆明园被毁灭的痛，我们明白了圆明园的毁灭带给我们的启示。多么痛的领悟：再美的东西，如果没有保护好，也会遭到毁灭。弱国无外交。国家不强盛，必要遭挨打。

同学们，英法联军，还有后来的八国联军，他们用中国人发明的指南针，指引着他们的军舰不远万里驶入中国领海，用中国人发明的火药制造枪弹屠杀中国人，然后逼迫清政府签订了一系列不平等条约，又是割地又是赔款，是谁允许他们这样野蛮无理的强盗行为的呢？今晚的作业是：

1.查阅资料，了解当时的历史背景。

2.阅读老师发放的《眼泪含铁》这篇文章，看看同样是叙述圆明园的毁灭，作者的表达手法有什么不同？

板书，以三张A3纸出示文字：

第一句：生活中不是缺少美，而是缺少发现美的眼睛。

第二句：悲剧，就是将有价值的东西撕毁给人看。

第三句：学生悟出的道理。

巧用关联词语，感受人物精神

——《触摸春天》教学片段设计

一个景点，打动你的，可能只是一颗古树、一朵小花；一首歌曲，打动你的，可能只是一段旋律、一句歌词；一篇文章，打动你的，可能只是一个段落、一个词语。在教学《触摸春天》这篇新课标人教版第八册第五单元的精读课文时，我就被简短而又简单的第一自然段所打动了。下面，我就如何处理第一自然段这一教学片断和大家进行一个交流。

一、加第一组关联词，还原生活真相

上课伊始，我就在黑板上板书了第一自然段：邻居的小孩安静，是个盲童。然后，在句子的上方，加了一组关联词：因为……所以……。加完关联词后，我让学生闭上双眼，开始想象安静平常的生活情境。3分钟后，睁开眼睛的孩子们开始描述：

生1：邻居的小孩安静，因为是个盲童，所以她看不见多姿多彩的春天。

生2：邻居的小孩安静，因为是个盲童，她上街还需要导盲犬，或者需要有人搀扶。

生3：邻居的小孩安静，因为是个盲童，所以她的世界里只有黑暗。

生4：邻居的小孩安静，因为是个盲童，所以她无法看清心爱的小狗的容颜。

……

在学生的畅所欲言中，我们似乎看到了这个叫安静的盲童小女孩，她生活在一个黑暗的我们这些明眼人一无所知的世界里，是那么的可怜、无助。这个时候，我顺势进入了教学的第二个环节——

二、加第二组关联词，感受积极态度

就在同学们纷纷以同情的、怜悯的目光看待安静时，我在"邻居的小女孩安静，是个盲童"的下方加上了另一组关联词：虽然……但是……。加完关联词后，我让学生以自己喜欢的方式读课文，读完后，把刚才那句话，加上"虽然……但是……"，再加上课文内容，重新组织成一句话。学生的积极性被激发了，这样的句子层出不穷——

生5：邻居的小女孩安静，虽然是个盲童，但是她整天在花香中流连。

生6：邻居的小女孩安静，虽然是个盲童，但是她靠神奇的灵性抓住了蝴蝶。

生7：邻居的小女孩安静，虽然是个盲童，但是她有生活的权利。

生8：邻居的小女孩安静，虽然是个盲童，但是她可以创造一个属于自己的缤纷世界。

……

这一片段的设计，我通过一个简短而又简单的自然段，再加上两组关联词，直抵了这篇文章的核心意义。这样的设计，既激活了学生的思维，打开了学生的想象，又锻炼了学生的表达能力，还在学生纯净的心灵土壤中播下了一颗颗美丽的种子，这些种子，假以时日，一定会发芽、会开花、会结出一颗颗叫热爱自然、热爱生活、热爱生命的果实。

（图12：获得语文教学设计特等奖的比赛现场）

（图13：在江西省永新县获得现场语文教学设计特等奖后和同事合影）

纵情山水间　心游尘世外

——《记金华的双龙洞》教学片段设计

一篇好的文章，是一杯滋味甘醇的美酒，让人回味无穷；一篇好的文章，是一杯芬芳怡人的清茶，让人唇齿留香；一篇好的文章，更是一幅绚丽多彩的画卷，让人经久难忘。而选自新课标人教版第八册第一单元的精读课文《记金华的双龙洞》，正是这样一篇好文章。这篇课文，作者叶圣陶先生以简洁、朴素的语言按游览的先后顺序记叙了游览金华双龙洞的经过，抒发了热爱大自然的情趣。今天，我就学完《记金华的双龙洞》后学生表达自己感受的这一教学片断和大家作一个简短的交流。

师：同学们，叶老先生的笔下，双龙洞的外洞是那么宽敞，孔隙是那么狭小，内洞是那么神奇。那么，大家跟随作者游览之后，又有什么感受呢？你想用什么样的方式来表达自己的感受？

生1：我喜欢画画，我想用五彩的笔绘出内洞那两条蜿蜒洞顶的双龙。

生2：我喜欢朗读，我想为《记金华的双龙洞》配乐朗读，表达出作者还有我自己对双龙洞自然景观的热爱之情。

生3：我喜欢对联，我想为双龙洞配上一幅对联。

生4：我喜欢写作，我想将优美生动的词句收集在自己的摘录本上，然后熟读成诵。

生5：我喜欢作诗，我想作一首小诗，赞美双龙洞的自然景观，诵读给大家听。

生6：我喜欢旅游，我想为双龙洞写一篇导游词；

生7：我平时跟爸爸妈妈一样热衷环保推广，我想为双龙洞写一份环保建议书……

师：同学们都非常有创意，找到了自己擅长的表达方式，那么谁来现场向大家展示一下对双龙洞的喜爱呢？

生8：我来一句对联吧。这幅对联是我课前上网查来的——洞中有洞洞中泉，欲觅泉源卧小船。

生9：一水穿开岩底石，片槎引入洞中天。

生10：我来一段非原创的小诗吧：金华双龙洞，双龙戏洞中。举世无双龙，唯有此洞中。

……

这个片段的教学，我以一句"以自己喜欢的方式表达学完课文的感受"作为引语，引领学生采用多姿多彩的方式回顾课文，再次走进了语言文字，感受到了双龙洞独特的美，既激发了学生的发散性思维，又锻炼了学生的表达能力，还为学生打开了一扇直通课内和课外、语言和精神的大门，引领学生一起走出了语言文字，纵情山水间，心游尘世外。

《电脑住宅》教学设计

教学目标：

1.掌握生字词，正确、流利地朗读课文。

2.借助课文的语言了解电脑住宅，感受科学技术给人们生活带来的舒适与便利。

3. 体会作者按一定顺序说明事物的方法。

教学重点：

在复述中掌握空间转换的顺序，发展学生说的能力。

教学准备：

课件、图片、小牌子

教学时间：

第一课时

教学过程

一、激情导入

出示电脑的图片，问学生：这是什么？

出示房子的图片，问学生：这是什么？

这两样物体，乍一看，毫不相干，但如果我说，电脑和住宅有关系，而且有密切的关系，相信同学们一定很好奇吧？今天，就让我们一起走近一栋：电脑住宅（板书课题）

二、课文学习

1. 请同学们打开课本146页，自由朗读课文，然后告诉老师，电脑和住宅，到底有着什么样的关系呢？

这座住宅里安装了一百多台电脑，一切都由电脑指挥。

（"一切""都"体现了说明文语言的准确性，同时告诉我们这是一所全自动电脑住宅。）

2. 这座电脑住宅给你留下了什么印象？

预设：神奇、方便、舒适、功能多（板书：神奇、方便、舒适）

3. 从文中的哪些地方可以让你感受到电脑的神奇呢？请同学们默读课文，用波浪线划出课文中让人感受到神奇的句子。（学生默读课文）

4. 学生反馈（预设）

A．电脑根据这些气象资料，为主人提供一个既节能又舒适的家居环境。

B．如果电脑确认你是"未经登记"的陌生人，你即便知道密码也无法将大门打开。这时，只有主人下达"同意入内"的指令后，大门才会打开。

C．进入住宅，轻松悦耳的乐曲会立即播放。

D．沿着门厅走进会客室，发现里面只有几件家具。原来，其他物品都分门别类地放在地下仓库的"集装箱"里。需要的时候，可以通过电脑，将相关的"集装箱"调运到指定的地方，以便取出或放回物品。

E．电脑储存了中餐、西餐和日本菜等的烹调方法的资料。它能告诉人们如何备料、烹饪，还能示范如何操作和自动控制烹炒的火候。

F．主人在睡觉前，只要按一下开关，整栋房子便进入"休息状态"。

G．浴室的装置也受电脑指挥，人们可以"预约"洗澡时间。如果想一回家就能洗上热水澡，可以给家里的电脑发指令，告知使用浴室的时间，到时候浴缸里便会放满热水，做好洗浴的准备。

5．重点品读

A．如果电脑确认你是"未经登记"的陌生人，你即便知道密码也无法将大门打开。这时，只有主人下达"同意入内"的指令后，大门才会打开。

师：同学们，假如我们这就来到了这座电脑住宅的门口，我们能直接进去吗？为什么？

（体会电脑的神奇，说明文语言的严谨性，每一句话都有根据，文字的叙述有前因后果，考虑非常周全，而且文字特别简要。）

师：让我们来读读这句话。感受说明文的语言不仅准确而且易懂，还让我们容易想象。

B．沿着门厅走进会客室，发现里面只有几件家具。原来，其他物品都分门别类地放在地下仓库的"集装箱"里。需要的时候，可以通过电脑，将相关的"集装箱"调运到指定的地方，以便取出或放回物品。

师：集装箱是什么意思？

师：分门别类是什么意思？能删掉吗？（体会神奇：节约空间，体会用词：准确、清楚）

C．电脑储存了中餐、西餐和日本菜等的烹调方法的资料。它能告诉人们如何备料、烹饪，还能示范如何操作和自动控制烹炒的火候。

比较：单单一个"还"，就让我们体会到电脑的神奇！

6．如此方便、舒适的住宅生活都是由（电脑）提供的。让我们不禁发出赞叹：＿＿＿＿＿＿＿＿＿！（学生自由表达）

7．综合：电脑住宅的功能是如此的神奇，下面让我们一起来看看课文是按怎样的顺序把事物写得有条有理呢？

门外——门口——会客室——厨房——卧室——浴室

空间转换的顺序。

正是这样由外而内，由下到上的介绍让我们对电脑住宅有了更清晰的了解。我们在写介绍类说明文的时候也可以尝试这样的写作顺序。

三、介绍住宅

1．以电脑住宅的设计者"坂村健教授"的身份向小组内的"观赏者"介绍电脑住宅中各项设施的布局、功能和使用方法。可以介绍电脑住宅中自己最感兴趣的地方，也可以介绍整座住宅。注意介绍的顺序。

（挂一个"坂村健教授"的牌子）

2．选派代表上台介绍。

四、拓展延伸

走进世界首富比尔盖茨的智能住宅。（播放图片及文字介绍）

五、布置作业

师：同学们，今天这一节课，我们了解了这座位于日本东京市中心的世界上第一栋实验性综合电脑住宅。那李老师想问问同学们，你们知道这座电脑住宅的建成离今天有多长时间了吗？猜一猜。是啊，科技改变世界，科技改变生活。同学们，随着时代的发展，科学技术在人们生活中的地位也越来越高。我们的改革开放的总设计师邓小平曾经说过：要提倡科学，靠科学才有希望。美国著名哲学家、教育家杜威也曾经说：科学最伟大的进步是由崭新的大胆的想象力所带来的。

人类拥有丰富的想象力和无穷的创造力，课后请同学们完成以下作业：

●如果由你来完善这栋电脑住宅，你打算怎样设计？

●如果由你来设计一所智能化学校，你打算怎样设计？

要求：选择一个内容，学习课文的写法，围绕"科技以人为本"这一中心，按一定的方位顺序，具体介绍各项设施的使用方法及功能。

（图14：到民办学校送教）

《方块字里探春秋》品德与社会课设计

教学目标：

1. 知道汉字的演变过程。

2. 了解中华文化的各种艺术表现形式，感受中华文化的博大精深，初步培养对中华文化的浓厚兴趣，热爱中华文化。

教学重难点：

了解中华文化的各种艺术表现形式，感受中华文化的博大精深。

教学准备：

自制课件

教学过程：

一、鼓掌游戏，熟悉学生

二、利用图片，谈话导入

出示上海世博会的会徽，介绍它的含义，揭示课题。

三、讲授新课，感受汉字

（一）创设情境

同学们，2010年5月1日，上海世博会开园了。如果，有这样一位小朋友，他叫杰克，他不远千里来到了中国，准备参观我们的世博会，他到中国之后啊，对我们中国的方块字，对我们中国的各种艺术表现形式，产生了浓厚的兴趣，你能为他介绍介绍吗？

好，为了更好地尽到地主之谊，我们今天先来熟悉一些关于汉字的知识，了解一些和汉字息息相关的艺术表现形式。

（二）进行学习

1.猜一猜

出示课本中的三个象形字，猜一猜分别是哪三个字？揭示答案后由多媒体出示汉字的演变过程：甲骨文——金文——小篆——隶书——草书——楷书——行书。

教师小结。（体会形体美）

2.说一说

出示一段话，请学生用不同的方言来说。

教师小结。

3.赏一赏

播放孔子的有关资料，感受汉字所承载的思想和智慧。

教师小结。（体会智慧美）

4.练一练

给学生一些绕口令，请学生练习后展示。

教师小结：念完了绕口令，你对汉字有什么感受？（体会声韵美）

5.听一听

除了绕口令之外，还有对联，相声，诗词……（请学生欣赏一段相声）

小结：（体会艺术美）

四、拓展延伸

如果现在请你为杰克介绍我们的方块字，介绍我们的艺术形式，你会怎么介绍呢？

五、教师小结

同学们，咱们中华传统的文化博大精深，与汉字相关的还包括：古文，诗词，歇后语，成语，民族音乐，饮食文化，茶文化等各种民间艺术。有人说，一个国家，一个民族的生命之本就是文化。那么，咱们中华民族的生命就在于我们拥有博大精深的中华文化，拥有这一个个富有生命力的方块汉字。同学们，让我们一起好好学习汉字，将中华文化发扬光大！

边教边思篇

　　教书是一项琐碎的工作，作为一名教育者，应从这项琐碎的工作中寻求属于它的闪亮的地方。只有这样，你才能真正地热爱这项工作，热爱这平淡得近乎平庸但仍有自身价值的充实的校园生活。

开学致辞

亲爱的同学们，尊敬的各位领导、老师：

大家早上好！

刚刚挥手告别了炎夏的不安与躁动，我们就迎来了凉爽怡人的秋天。在这秋风送爽、硕果飘香的时节，我们迎来了新的学期。在隆重的新学年开学典礼上，我很荣幸地代表全校老师，欢迎一年级的新同学加入我们学校这个温暖的大家庭，也欢迎其他同学重返校园。

今天的开学典礼上，老师想和同学们分享一个《鹅卵石与钻石》的故事：

一天晚上，一群游牧部落的牧民正准备安营扎寨休息的时候，忽然被一束耀眼的光芒所笼罩。他们知道神就要出现了。因此，他们满怀殷切地期盼，恭候着来自上苍的重要旨意。

最后，神终于说话了："你们要沿路多捡一些鹅卵石，把他们放在你们的马鞍子里。明天晚上，你们会非常快乐，但也会非常懊悔。"

说完，神就消失了。牧民们感到非常的失望，因为他们原本期盼神能够给他们带来无尽的财富和健康长寿，但没想到神却吩咐他们去做这件毫无意义的事。但是不管怎样，那毕竟是神的旨意，他们虽然有些不满，但是仍旧各自拾了一些鹅卵石，放在他们的马鞍子里。

就这样，他们又走了一天，当夜幕降临，他们开始安营扎寨时，忽然发现他们昨天放进马鞍子里的每一颗鹅卵石竟然都变成了钻石。他们高兴极了，同时也懊悔极了，后悔没有捡更多的鹅卵石。

同学们，对我们来说，课堂上学到的知识，就是一颗又一颗的鹅卵石。我们要在学习的过程中勤学、勤问、勤积累，尽量多收集些"鹅卵石"，终有一天，这些"鹅卵石"会变成我们所需要的珍贵的"钻石"。

同学们，老师是船，在过去的一年里，我们成功地将一批学生送到了知识的彼岸。但我们的工作、我们的使命还远远没有结束。新的学期，我们又有了新的学生。我们将继续认认真真上课，踏踏实实工作，做到让家长放心、学生放心、领导放心！

而对同学们来说，新学期，也意味着新的起点、新的希望。同学们，你听说过吗？人的一生实际上只有三天，那就是昨天、今天和明天。昨天已经成为过去，明天还没有到来，我们能把握的只有今天。新学期开始了，我们每个人的面前都摊开了一张新的白纸，我们将如何在这张白纸上画出人生的又一幅精彩的画卷呢？同学们，选择了勤奋、拼搏，也就选择了希望、收获！那么，就请用我们的汗水、智慧和热情，抓住这宝贵的今天，师生团结一心，去创造美好的明天吧。

谢谢！

毕业寄语

亲爱的同学们，尊敬的各位领导、各位家长、各位同事：

大家下午好！

首先，请允许我代表学校的全体教师，向同学们的顺利毕业表示热烈的祝贺！

同学们，在你们即将离开母校，去汲取更多的知识，学习更多的本领，体悟更多的人生道理的时候，你，还能想起自己刚刚入学的情景吗？那个哭着鼻子要妈妈陪伴的孩子中有你吗？那个一见别人吃东西就嘴馋的孩子中有你吗？那个见到自己喜爱的东西曾悄悄装进自己口袋的孩子中有你吗？同学们，学校、学校的一草一木，见证了你们成长的点点滴滴。而对于老师们来说，早读课上你们专心致志读书的场景；运动场上你们挥汗如雨的身影；获奖时你们脸上灿烂无比的笑容；考场上你们皱眉凝思的表情；当然，还有你们淘气捣蛋、天真顽皮的样子……这些回忆的画面，都是你们送给老师最珍贵的礼物。

同学们，请你们记住，老师的亲切关怀是爱，老师的细心指导是爱，老师的苦口婆心是爱，老师的严厉批评还是爱。如果有一天，当初中的老师、高中的老师、大学的老师塞满了你们的记忆的时候，请忘记我们吧，可是，请你们不要忘记，不要忘记我们共同热爱的学校，不要忘记学校里学到的善良、正直、勇敢、坚强、自信、智慧，还有——爱。

泰戈尔说：无论黄昏把树的影子拉得多长，它总是和根连在一起。无论你们走到哪儿，无论你们走得有多远，请记住，母校的心总是和你紧紧相连！老师们总在关注着你的点滴进步！

所以，今天，我们在这里依依惜别，明天，请你们带着各自的梦想扬帆起航吧！不祈求你们一帆风顺，但愿你们百折不挠！

谢谢！

努力走进孩子心灵，培养良好学习习惯

尊敬的各位家长：

大家好！首先，请允许我代表您的孩子对您的到来表示感谢，因为，您的按时到来，是对我们家庭教育工作的支持，更是对孩子成长的重视。

各位家长朋友，我们坐在这里，有着相同的目的，那就是：如何让孩子更加健康、快乐、出色地成长！

那么，究竟该怎样做，才能让孩子更加健康、快乐、出色地成长呢？今天的交流，我想从以下几个方面来谈谈自己的一些看法。

一、用心了解孩子

各位家长，相信大家已经留意到了，在不知不觉中，孩子长高了，发育了，有自己的小秘密了，做事情也有自己的主意了，甚至，有的时候，开始和家长顶嘴了。是的，小学高年级的孩子正处于童年向少年的过渡期，既带有童年的天真，有时也表现出少年自以为是的成熟。这个时候，如果出现争论的话，家长往往说服不了孩子。这样一来，有些家长就会感到头疼了：孩子听不进说教，又不能打骂，更不能放任自流。那么，家长可以怎么做呢？我的建议是：

（一）多沟通。多找时间和孩子沟通，沟通的时候和孩子找共同的话题。当面对孩子令人不解的行为的时候，不妨学着换位思考，试着站在孩子的角度去想想孩子为什么会这样。因为，只有理解孩子，才能找出问题的原因所在。

（二）讲尊重。当孩子喜欢听周杰伦的歌，喜欢玩梦幻西游的时候，即使我们不喜欢，也请稳定自己的情绪。如果带着情绪去教育孩子，那是不理智的，还可能会导致孩子愈加抗拒。可以等自己冷静下来之后，再去和孩子交流。当你发自内心地尊重孩子并给出有可行性的建议的时候，孩子，也会还你一份尊重的。

二、学会包容孩子

有一个题为《苏东坡与佛印的故事》。说的是：

宋代大文豪苏轼和佛印禅师关系很好。有一天他登门拜访佛印，两个人正谈的兴起，苏东坡突然披上佛印的袈裟问："你看我像什么？"

佛印答："像佛。"然后问苏东坡："你看老朽像什么？"

苏东坡大笑着说："我看你像一堆牛粪！"

佛印笑了笑不再言语。

事后，苏东坡得意地将此事告诉了苏小妹。不料苏小妹却给他泼了一瓢冷水："这下你可输惨了"。苏东坡不解，问："此话怎讲？"苏小妹答："心中有什么就看到什么，佛印心中有佛，所以看你就是佛；而你心中有牛粪，你看到的自然就是牛粪。"

还有一个这样的小故事：有一个五岁的孩子，陪父亲在修剪花园，父亲修剪到一半有事离开了，儿子拿起大剪学父亲的样子修剪，结果把整个花园弄得一片狼藉。父亲回来，非常生气，朝着儿子举起了拳头，妻子看见了，在旁边说："咳，在你的拳头落下之前，先想好你是在养儿子还是在养花？"父亲放下了拳头，自知有错的儿子好好跟父亲学修剪，后来成了著名的园艺师。

这两则故事，提醒了我们，不要老是盯着孩子的缺点，包容的力量是无穷的，要尽可能地多找孩子的优点，多鼓励孩子、欣赏孩子，从而减少孩子对家长的抗拒心理。

三、培养学习习惯

不少家长操心的，是孩子的成绩。孩子成绩好的家长，可能会想，怎么样才能让孩子成绩更加拔尖呢？孩子成绩暂时不是很理想的家长，可能会担忧，甚至头痛：怎么样，才能让自己的孩子成绩好起来？

我们都知道，好的学习习惯可以让孩子受益一生。那么，该如何培养孩子的学习习惯呢？我们可以做的，有以下几点：

（一）让孩子明白学习是自己的事情

父母的包办行为会使孩子失去责任心，要培养孩子的责任心，父母就要在孩子的学习、生活中纠正他的不良习惯，让孩子学会自己的事情自己做。

有一年，我接手的班里，有个家长经常向我抱怨："老师，我听说班上很多孩子都很懂事、很让人省心呀，为什么我的孩子不行呢，我天天陪着孩子写作业还不写，每天都要磨蹭到十点多，有时甚至到十一点。"据我了解，这个家长一直在陪读，孩子回家说忘记记作业了，妈妈就忙着打电话问孩子的老师、同学；孩子题目不会做了，家长就帮忙做。对于孩子的作业，着急的，不是孩子，而是家长。你说，连作业要做什么孩子都不愿意去记了，这是谁的责任呢？孩子第一次没记清作业，家长帮忙问了，第二次又没记清，家长又帮忙了，那孩子还记它干吗，干脆不记了，等家长去问吧。结果，到高年级了，这位妈妈还是得打电话帮孩子问作业。

正因为家长包办，让孩子变得依赖，变得不负责任，变得失去了动力——我不学，家长着急，家长会替我想办法，于是，孩子学习越来越不主动，家长只好越帮越多，帮孩子问作业，陪孩子做作业，帮孩子检查作业，为孩子收拾书包……就这样，学习变成了父母的事情。

有一个这样的孩子，家里大人要求他洗澡后把换下的衣服放进洗衣机，可8岁的他经常忘记，于是妈妈让他用本子记下洗澡后该做什么事，提醒自己不要忘记。从此以后，这个孩子再也没有忘记把脏衣服放进洗衣机，他为自己的进步感到自豪。可见，当要孩子记住做某事时，与其大人经常提醒，还不如让孩子自己记下要做的事情，这样孩子也能慢慢地学会对自己的行为负责。

著名教育家茨格拉夫人说："必须教育孩子懂得他们不同的一举一动能产生不同的后果，那么随着时间的推移，孩子们一定会学得很有责任感的。"茨格拉夫人是这么说的，也是这么做的。一次，她的儿子从学校回家比平常晚了半小时，茨格拉夫人对此表示充分的理解，但是，她也明确地告诉儿子："你玩的时间自然也就少了半个小时，这个时间我们可要遵守。"这样，就让儿子意识到了自己晚回家的后果，他就可能对自己的行为负责。茨格拉夫人说："有时候，做父母的内心也会在爱与公平之间摇摆犹豫，但是不能因为孩子的借口而一味地迁就他的喜好，让他逃避责任。孩子如果没有按规定整理好他的书柜，那么面对他喜爱的电视节目，我们也只能做出很'遗憾'的决定。"家长给了孩子明确的态度，孩子也就有了做事的标准，并养成习惯。

（二）让孩子感受学习是快乐的事情

一个孩子最愿意做的事是什么事？是让他感到快乐的事。兴趣是最好的老师。如果想让孩子主动学习，一定要让孩子感受到学习是一件快乐的事情。

有一位妈妈在这方面给我们做了榜样。每一个学年开学的时候，她都会在语言上表现出对孩子学习生活的羡慕。有的时候，她对孩子说："你们语文书里的故事好感人啊，妈妈看了那篇《小珊迪》都感动得流泪了。你好幸福啊，可以学到这么好的文章"。有的时候，她对孩子说："你们的书好漂亮呀，内容也好，有歌谣，还有童话。我们那时学英语就只有单词，老师上课讲单词，我们下课背单词，哪有你们现在这样的课这么有意思呀。上英语课你们一定很幸福。""哇，这道数学题你都会做了呀？这个可是我初中时才学的，你怎么现在就会了？看来，我得赶快学习了，我可不想被你甩到后面……"在妈妈这样的暗示下，孩子对学习有了很高的热情，有了学习的热情，也越来越能体会到学习的快乐。

（三）与孩子一起分担学习上的困难

在孩子学习的过程中，可能会遇到各种情况，当孩子向父母求助时，家长帮孩子的方式也影响着孩子的学习态度。家长朋友们，当孩子遇到困难向您求助时，您是给孩子讲解如何解题，还是引导孩子自己去思考？当然，前者相对于家长来说要省事得多，而后者，家长可能要多花很多的时间和精力才能让孩子明白。在我的身边，就有不少家长朋友选择了前者。前者教会了孩子一个知识点，而后者则教会孩子如何去理清思路，前者是授人以鱼，后者是授人以渔。

当孩子遇到困难时家长可以引导孩子多读题，很多时候孩子做不出，是因为没有完全读懂题目，所以家长可以让孩子再读题，也许在读的过程中孩子理解了题意，困难也就解决了。如果孩子不能在读题中明白，家长可以引导孩子进行分析：这道题给了我们什么条件，这个条件可能是做什么用的？引导孩子主动去思考。孩子自己做的才会印象深刻，才能做到举一反三，孩子也才能体会到自己攻克难题的喜悦。

（四）与孩子一起分享学习上的成功

孩子可能用了很长时间才解出一道题，于是开心地去和妈妈分享："妈妈你看，这道题我做出来了，费了我十几分钟呢。"妈妈拿过本子来看了看说："这么简单的题用了十多分钟才做出来，你还高兴呀，真是笨。"如果家长这样说，孩子会怎样？会很受打击。经常这样的话，孩子当然不会对学习有信心、有兴趣，也当然感受不到学习的快乐。相反，如果妈妈说："你真棒，这么难的题，都能做出来，妈妈知道你一定很努力了。妈妈真为你高兴，和你一样的快乐。"孩子听了这样的话，下次一定还愿意去努力，一定还能体会到成功的快乐，也一定还愿意和妈妈分享这份成功的快乐。

原来作文只能写200字的，现在可以写300字了；原来不敢举手回答问题的，现在能站起来阐述自己的观点了；原来考75分的，现在能考80分了。这些进步，在很多人眼里，可能是微不足道的，可是，如果家长能及时发现，并且加以肯定，分享孩子成长、进步的快乐，孩子，一定会越来越努力的。孩子努力了，成绩的提高是自然而然的事，这，不正是我们期待的吗？

当然，除了以上所说的这几点，我们要做的，还有很多，比如，帮孩子调节学习中的不良情绪，加强自身的学习，营造良好的学习氛围等等。

各位家长，孩子的成长，需要老师的教育，更需要家长的教育。教育界有句名言，叫成绩不好出次品，体育不好出废品，德育不好出危险品。我想说，在培养孩子方面，今天您能多出一斤的力气，也许，明天就可以少花一吨的气力。让我们多为成功找方法，少为失败找借口。成绩暂时不是很理想的，让我们想办法引导孩子一点一点地取得进步；体育不好的，我们会要求孩子加强锻炼也请家长关注孩子的营养；如果在德育方面已经开始出现问题，比如出现目中无人，违反纪律，参与打架，甚至抽烟，和社会上的小青年结交等等这些违规的行为，请家长一定一定要高度重视。因为，任何成功都弥补不了教育孩子的失败。俗话说的好：钱，你今天少赚了，明天可以再赚回来；但孩子的教育你一旦错失了，就再也补不回来了。我们衷心地希望，家长朋友们能为孩子创设良好的学习环境，重视自身的行为修养，加强与学校的联系。总之，让我们共同用心地培养孩子，让孩子在爱的天空下成长为一个身体健康、品德高尚、心态阳光、成绩优良的人！

（图15：主持全校家长会）

温暖的细节

片段一：

一次升旗后回教室，我们班个子最矮的小煌走到了我身旁。看到他欲言又止的样子，我笑着问："小煌，是不是有什么话要对老师说啊？"他犹豫了一会儿，说："老师，我可以问你一个问题吗？""当然可以了。""那，要是年轻人长了一根白头发会不会怎么样？""那很正常啊，有的年轻人因为营养不良或者烦恼过多还会有很多的白发呢。""噢？没事就好，没事就好。"小家伙好像松了一口气，准备进教室了。这时候，我叫住了他："怎么了？是不是你长了根白发啊？别担心，没事的。"他反而不好意思了："老师，刚才升旗时你站在我旁边，我看见你头上有一根白发，我担心你会不会怎么样呢。"

刹那间，我感动得说不出话来。

片段二：

星期四下午第二节是劳动课，主要是让学生体验劳动的滋味和感受劳动的乐趣。每到这个时候，我总是带着学生为花圃除草或者帮忙把操场上的沙场填平。有一次，学校为我们班布置了清除校园外围的杂草的任务。我带着一大群学生出发了，正干得起劲时，草丛突然窜过一条"四脚蛇"，同学们"哇"地叫了一声，我挥起锄头正要冲上去，站在我旁边的少源把我一推，自己冲上去挥起锄头就打，那条四脚蛇慌乱地逃之夭夭了。其实，"四脚蛇"在我们家乡又叫"狗母蛇"，据说是没有毒性的。所以，大家是虚惊一场。但是，平常挺文静的少源在危急时刻表现出来的"小男子汉气概"却永远铭刻在我的心中。

片段三：

知道我喜欢养花，班上的"养花同盟"雪燕送了我一株康乃馨，康乃馨易活，正适合我这种喜欢养花又没有多大功夫侍候花的人，所以，康乃馨在我手里活得还是蛮滋润的。

一天早晨，我起床后打开门，看见门口摆着一盆草莓。那天下课后我走到雪燕身边，说："花是你送的吧？很漂亮。"她不说话，笑眯眯地走了。

每天早上起来看着那些花，我的心就暖暖的。

片段四：

一次感冒发烧了请假休息。睡得迷迷糊糊的，听到窗外叽叽喳喳的有小孩说话的声音。细听，是我们班的那几个机灵鬼。一个说："老师可能在睡觉，咱们别去打搅她了。"一个说："嘘，小声点！别吵到老师了。"另一个声音又响起："我们晚点再来吧，那时老师可能醒了。"听着听着，我头沉沉地又睡着了。醒来后，住在隔壁的老师告诉我："你班的建芝他们来过好几次了，一个劲地问你的病情呢。"

身体还没康复，但心里却充满了阳光。

边教边思篇

优秀教师是一面 "镜子"

我是含着泪听完《陈敬道老师先进事迹报告会》的，我既感动又惭愧。

陈敬道是个 "80后"，2005年毕业于湖北师范学院，曾支教于仙桃市范关中学。陈敬道出生8个月时，生母不幸亡故，生父也离她而去。她被过继给现在的养父。养父靠零售小商品供她读书。从6岁上学开始，陈敬道每天放学回家后自己做饭，吃完后再给养父送饭。高中毕业时，她考入湖北师范学院，是国家助学贷款帮她迈进了大学校园。

读大三时，养父积劳成疾瘫痪在床。为了照顾父亲，陈敬道在学校附近租了一间房，把父亲接到身边，一边学习，一边打工挣钱为养父治病。她卖过报纸，端过盘子，还同时做数份家教。她在承担做饭、买菜、洗衣服、为养父按摩关节等大量体力活的同时，仍出色地完成了学习任务。在学校党组织的培养下，她光荣地加入中国共产党，多次获得学校一等奖奖学金，顺利完成了学业。大学毕业时，陈敬道积极响应湖北省 "农村教育资助行动计划"，主动放弃到大城市工作的机会，毅然决定带着养父回乡支教。

陈敬道超乎寻常的坎坷人生，赋予了她的名字新的含义：敬老尽孝道，敬业尽师道。

"敬业爱岗，遵纪守法" 是我们为人师最起码的道德。作为一名普通教师，我也喜欢照 "镜子"。而这面 "镜子"，就是我们内心的道德法则，就是像陈敬道老师这样的模范，就是我们服务的对象——学生。

陈敬道老师，对我来说，就是一面大镜子。这面镜子，不仅可以照出我脸上的"斑点"，还可以清楚地告诉我，该如何取长补短，才能使自己如陈老师一般美丽。

我常常对自己说，以史为镜，似水流年浩瀚烟波照出的是人格，反射的是精神。李世民是"敬业爱岗"的，他对臣民们负责；魏征是"敬业爱岗"的，他对百姓负责、对君王负责、对自己负责。对于这些英雄人物来说，以史为镜，富国强民，方为社稷之大计。而活在当下的我们这些教师呢？是不是也可以人为镜，把陈敬道这些优秀教师作为自己的镜子，多照照、多问问，看看自己还有多少不足，还需要怎样努力，才能成为学生满意、家长满意、社会满意的人民教师。

让我们以人为镜，牢记己责。

后　记

（一）只是一份礼物

这本书是我2015年送给自己的生日礼物。

这些年来，上了一节好课，写了一篇文章，参加了一次比赛，获得了什么奖项，我都会犒劳自己。犒劳自己的礼物，有时是一本好书，有时是一场电影，有时是一件美衣，有时是一场旅行，有时，是一个下午漫无目的的发呆。2015年，在先生孟猛和堂妹李岸红的鼓励下，我决定实现自己儿时的一个梦想：出版一本书。把这本书，当成生日礼物送给自己，也当成自己有勇气从中层回到一线、离开工作了7年半并且深深喜爱着的单位、一切从零开始的奖赏。

其实，作为一个从小学就开始参加作文比赛，中学开始发表文章，师范时拿过全市大、中专院校学生现场作文比赛一等奖的我，最仰慕的人是：席慕容、毕淑敏。除了羡慕她们那作家的身份和那支灵动的笔，更仰慕她们聪慧的双眼、悲悯的情怀、敏感的心灵、多彩的生活。

当然，对于现在的我来说，是不是作家，早已无所谓了，最重要的是，多年来，我对文字的喜爱，始终没有变。

而这本书的出版，它只是告诉了我，梦想是可以实现的，虽然，它有时会拐个弯。

再次感谢梦想照进现实路上给予支持、帮助、鼓励的亲人、老师和朋友。

（二）带来无尽思考

我说：我们是草根教师。

我的堂妹兼"最佳损友"李岸红大笑：你们当教师的，哪一个不是草根？你见过哪个官二代、富二代去当教师，尤其是去当小学教师的吗？

好吧，我承认，我们都是草根。但至少，我们都是有知识、有文化、有思想的草根啊。

如果，能以草根的心态扎根一线，以草根的姿态服务学生。以教育家的目光和胸怀看待学生的变化、教育的发展；以教育家的抱负和追求提醒自己与时俱进，保持学习的能力、可持续发展的能力。也许，每一个一线教师，都可以成为优秀的教师吧？

但我，还是有一句话特别想和大家分享：请千万不要高估了学校教育和教师的作用，请千万不要忽视了家庭教育和家长的重要作用。

好友"花花"任教的学校有个女生，毕业后到了临近的中学就读，带人盗走了家中价值二十万元的贵重物品，父母报警后看了物业调出的监控才发现是自己的女儿所为。当时，媒体报道：

X女士告诉记者，她的女儿XX以前非常听话，成绩也一直很好，长期学跳舞、玩乐器，得过不少大奖，家中贴满了她小学时的奖状和证书。然而自从女儿到XX中学读初中以后，由于自己和丈夫平时工作非常忙碌，只有老人在家陪伴孩子，因而没有及时发现孩子细微的变化。直到女儿的叛逆状况愈发严重，X女士才得知，女儿之前经常彻夜不归，最严重的一次甚至有三天没有回家睡觉。

简简单单一段话，就把该女生一切行为背后的责任，都推给了这所中学，这所中学的教育。而所有知情人，包括"花花"在内的的老师都为那所中学叫屈。女生是六年级的时候转学到"花

151

花"所在的学校的,虽然没有很明显的违规行为,可接触多了的人都知道,该女生无心学习,无法融入集体生活,而女生的家长对孩子是完全不管不顾的,连教师准备家访想要约见家长,都见不到。这些问题,在小学阶段看似风平浪静,但问题迟早都会爆发的。新闻报道了这件事情后,大家都把注意力集中在了学校的教育上,可细心的人就会发现,女生盗窃自家财物是在离家出走十多天后发生的。对于女儿的离家出走,十多天来,家长没有寻找,没有报警,报警是因为家里失窃了。对于一个把孩子离家出走当成常事的家庭,对于一个可以用一句"由于自己和丈夫平时工作非常忙碌"推脱责任的家长,你,还能把孩子所有的问题都推给教师,推给学校吗?

不知道为什么,每次看到或者听到这样的案例,我就会想起微信红人咪蒙写的一篇文章——长期没空陪小孩的家长,我能抽你们两耳光吗?我发现,当你看不惯某种现象自己又说不出口时,有人帮你说了出来,你会觉得很舒坦,如果这个人还指责了甚至痛骂了这种现象,你就觉的——爽。我想,这也是我喜欢看咪蒙的文章的缘故。

是的,教师不是神,教师是人,是一个正常人,是一个普通人,这个正常人、普通人和大家一样:需要休息,渴望尊重,有时,甚至也会有点小脾气,所以,请不要无限夸大了教师的作用,不要神化了教师,也不要把自己该负的责任都推给了教师。请大家让教师,请做教师的我们让自己,活得真实一些、自在一些、有尊严一些。

在阅读梅洪建老师的《做一个不再瞎忙的班主任》的时候,我对其中《在基础教育中,班主任的作用没那么大》《改变一个孩子没那么容易》这两个章节特别感同身受。是的,我们不是救世主,更不敢称为"人类灵魂的工程师"。我们的作用,没有那

飞刀老师的「太极拳」

么大。当然，这不是我们不努力工作的理由，这应该是我们更加努力工作的理由，正因为我们的作用没有那么大，所以，我们要努力，努力把自己在孩子成长过程中能起到的这一点点作用真正发挥出来。

接触儿童心理学的时间越长，特别是学习了正面管教之后，我的一种感觉就越强烈：专业人士的介入，要从家庭教育入手，要从孩子低龄段入手。

陈岚独家报道《毕节自杀儿童——凶手不是贫穷，而是撕裂》告诉了我们：父母的爱如果缺失了，连活着，都不存在意义。看完报道的我满满的心酸。我见过甚至教过这样的孩子，家境富裕，但父亲或者母亲为了所谓的事业在孩子才几个月大时就把孩子扔给保姆、老人、电视，以至于后来孩子的心理、学习、人际关系都出现了很大的问题。这些孩子，不是真正的留守儿童，却是真正的"心灵孤儿"。

前苏联著名教育学家苏霍姆林斯基曾把儿童比作一块大理石，他说，把这块大理石塑造成一座雕像需要六位雕塑家：1.家庭；2.学校；3.儿童所在的集体；4.儿童本人；5.书籍；6.偶然出现的因素。从排列顺序上看，家庭被列在首位，可以看得出家庭在塑造儿童的过程中起到非常重要的作用。我们渴望看到，政府更加重视家庭教育的投入，媒体能推动家庭教育的发展，人们的家庭教育意识能更加强烈。这样的话，我们的孩子才能真正享受到有质量的陪伴和爱。而有了父母高质量的爱和陪伴，所有的问题，都不是问题了。

李柳红

2015年10月10日

（图16：2015年的教师节）

图17：和《少年我心》《登天的感觉》作者、
香港城市大学的岳晓东老师合影

附录：学生眼中的飞刀老师

有趣的"飞刀"老师

钟清扬

我的班主任姓李，她个子不高，圆圆的脸蛋白白嫩嫩，眼睛大又圆，看我们的时候眼神特别温和，总是流露出母爱般的慈祥。李老师的脸蛋特别生动，为什么呢？因为她有一对漂亮的圆形酒窝，每次一张嘴说话，酒窝就一深一浅地跳起舞来，特别吸引人。

李老师是我们班的语文老师。一说起语文老师，很多人的脑海中都会浮现出"刻板"、"凶巴巴"等形容词吧？我们班的班主任可不是这样的，相反，她是一位非常有趣的人。那么，请你们来了解一下我这个有趣的班主任吧。

为了培养全班同学的写作热情，李老师要求我们每天写一篇日记。有一回，我无意中看到李老师在我同学一篇日记上的点评。那篇日记题目叫《笔名》，老师的点评是"写得很多！"李老师说，小学是打基础的阶段，欢迎"又臭又长的裹脚布"，所以，"写得很多"，也是她夸我们会写的一种方式。但这不是重点，重点是在点评后面，老师写了四个字——"小李飞刀"！啊哈，原来老师的笔名叫"小李飞刀"，好酷哦！从此啊，我就在心里给老师取了个外号，叫"有趣的飞刀老师"。李老师就是这样经常在日记本上与我们进行有趣的互动，让我们觉得写日记其实是一件非常有意思的事情。

李老师总有办法把看似无聊的事情变得很有趣。她要求我们每天都要背书，可是背书多无聊啊，大家都提不起兴趣来。这回老师想出了一条妙计：她把本学期要背的内容集中在一个word文档里，按难易程度分为七档，每背完一档就能得到一个相应的级别，分别是：童生、秀才、举人、进士、探花、榜眼、状元。原来背书还得能状元！怎么这么有趣！这下好了，为了得到状元，班上每个同学都铆足了干劲，每天都积极背书，等着过一把状元瘾呢！

李老师每天都会请同学上讲台进行课前演讲，锻炼我们的口头表达能力，听到精彩处，她会用手机给我们拍照，上传到家长群跟家长分享。不过呢，我们这位天生"呆萌"的老师上课没有带手机的习惯，常常是同学准备要回位前突然来一句："等一下，我去拿一下手机。"每到这时，全班同学都会大笑起来。我们都好喜欢这位可爱、有趣的老师。

有趣的事情说也说不完，反正只要有李老师在的地方，有趣的事情就在不停地发生着。你们是不是很羡慕我们有位呆萌、有趣的班主任呢？

五颜六色的老师

梅寒雪

诶？你问我的班主任李老师是什么样的人？哈哈哈哈，让我来给大家解除疑惑吧！

每当我们太浮躁、太闹时，老师会十分生气，生气的李老师就会眼睛喷火。我们班的人中，识相的人嘛，会立马停下来拿出一本书或作业假装认认真真地写；不识相的人嘛，结果可想而知。重的——叫到教室外面训斥一顿，轻的——老师提醒、警告一下。李老师生气时，是红色的。

每当上课时，李老师在讲台上和我们谈笑风生，我们也是裁缝师傅带眼睛——认真。李老师非常有学问，有时给我们讲讲故事、谈谈历史，我们和李老师相处得十分融洽。我最喜欢语文课了，享受着老师仔仔细细地给我们上课的场景，我很快乐。仔仔细细地给我们上课的李老师，是蓝色的。

李老师最近参加了篮球比赛，李老师在赛场上卖力地打球，还时不时的来关心我们，真是"一心二用""三心二意"啊，呵呵。这时，李老师是温柔的粉色。

每当我们做的好时，李老师都会表扬我们；每当我们做的不够好时，李老师会提醒我们，有时也会批评我们。李老师奖罚分明、公平公正时是白色的。

啊，我真为自己有一个像李老师一样五颜六色的班主任而骄傲啊，你呢？你的班主任是什么样的？像我的班主任一样好？

我的班主任

陈诗雨

老师，您是美的播种者，美的耕耘者。是您用美的阳光普照，用美的雨露滋润，我们的心田才绿草如茵，繁花似锦！

我的班主任，姓李，我们都亲切的叫她李老师。李老师并不高，很多同学的个头都已经超过李老师了。可是，李老师教训起人来可一点都不含糊。

有一次，我们班最调皮的一位同学又闯祸了，竟在英语课堂上公然下座位，英语老师生气极了，便叫同学请李老师过来。李老师从办公室走了过来，叫那位同学出来，我从窗户那看见，老师教训着那个调皮的同学，而那位调皮的同学正低着头，接受教训。"叮铃铃"下课了，我看见那位同学走进教室里，低着头，"安分守己"地坐着，我敢预料他下节课肯定不会做小动作或做出惹老师生气的事情了。

如果这件事情表现出了李老师的严厉，那么，接下来的另一件事情表现出的就是李老师的温柔体贴和和蔼可亲了。

记得那一次，我因为重新选举班长时落选了。下课时，我闷闷不乐地回到座位上，其他人都没有注意到我的不高兴，只有李老师注意到了这一点，她把我叫过到办公室里，倒了杯水给我，我低着头，看着自己的鞋，老师看到我的举动后，笑着对我说："我能理解你的不开心，成长的道路上总会遇到一些不顺心的事，你要试着锻炼自己的心理素质哦。"说完，老师还抱了抱我。老师的话如沐春风，使我恍然大悟。对啊！成长的道路上总会遇到一些不如意的事情，我又何必为这些事情烦恼呢？李老师不是教育过我们吗？做人要："经得起表扬，受得住批评""不奢求一帆风顺，但愿能百折不挠"。于是，我抬起头对老师报以一个微笑，表示自己不会为这件事而烦心了。老师满意地点点头，示意我回去吧。

课上严母，课下慈母，这便是李老师，一个严厉又温柔的老师。